UNE NUIT
EN FRANCE

DES MÊMES AUTEURS CHEZ GRASSET

MIMI, 2018.
LA POUDRIÈRE, 2020.
MINISTÈRE DE L'INJUSTICE, 2022.

Jean-Michel Décugis et Marc Leplongeon, LE CHAUDRON FRANÇAIS, 2017.

Pauline Guéna, DIEU ÉTAIT EN VACANCES, avec Julia Wallach, 2021.
Pauline Guéna, DAFT, avec Anne-Sophie Jahn, 2022.

JEAN-MICHEL DÉCUGIS
PAULINE GUÉNA
MARC LEPLONGEON

UNE NUIT EN FRANCE

BERNARD GRASSET
PARIS

Page 174 : Calogero, « Un jour au mauvais endroit »,
in *Les feux d'artifice*, 2014.

Photo de la bande : W. Dupuy / Pressessports.

ISBN 978-2-246-83298-0

Le bal

C'est leur premier bal d'hiver. L'année est d'ordinaire ponctuée par la fête de l'épouvantail qui a lieu au printemps et par un repas moules-frites donné quand les jours raccourcissent. Mais les membres les plus jeunes du comité des fêtes de Crépol ont voulu cette fois organiser une vraie soirée et les anciens se sont laissé convaincre. Ils ont travaillé des semaines aux détails. L'événement aura lieu le samedi 18 novembre 2023, de 22 heures à 2 heures du matin, dans la salle des fêtes, un bâtiment en crépi au sol carrelé situé entre la route et l'Herbasse, la rivière étroite qui longe le village avant de se jeter dans l'Isère. L'entrée est fixée à 4 euros. Des professionnels, ou presque, ont été engagés : quatre videurs, chauffeurs poids lourds en semaine, ainsi qu'un DJ, carrossier de profession, assisté de son père retraité. Les entrées et le service au bar, eux, seront assurés par les bénévoles, qui se sont mis d'accord sur un menu simple : hot-dogs et frites. Ils ont imprimé des affichettes et les ont punaisées sur les placards des commerces et dans les mairies des localités voisines. Ils ont aussi créé un post sur Facebook. Chacun a communiqué sur ses réseaux sociaux.

La commune de Crépol, à trente kilomètres au nord de Valence, et soixante-dix à l'ouest de Grenoble, 528 habitants, est composée d'une trentaine de hameaux et de lieux-dits, parfois de simples fermes avec leurs bâtiments d'exploitation, éparpillés dans une vallée agricole faite de coteaux boisés et de plateaux cultivés. L'élevage de chevaux se développe, à l'usage des citadins aisés qui rachètent les fermes à tuiles creuses, parfois plusieurs fois centenaires, pour y installer leurs résidences secondaires. Çà et là, des peupleraies argentées bruissent au vent. Le centre du bourg s'étend sur quelques centaines de mètres le long de la D67. Des façades anciennes en galets alternent avec les constructions plus récentes où quelques commerces ont été réinstallés. Au bord de la route se dresse une église maussade, Saint-Étienne, qui ne célèbre plus la messe de Noël, seulement des obsèques. Un peu plus loin, la mairie occupe un bâtiment récent de quatre ou cinq pièces. Dans le bureau de la maire, aux murs orangés, un bouquet de fleurs séchées trône entre deux fenêtres ouvrant sur les collines de la Drôme. On compte encore une épicerie, une boulangerie et une boucherie-charcuterie, le magasin Utile, un carrossier à la sortie est et quelques associations, deux amicales boulistes, un club de tennis, un autre du troisième âge… L'école maternelle a fermé, il faut désormais, comme pour l'élémentaire, gagner les communes voisines, Miribel au nord ou Margès au sud. Le bâtiment déserté, au bout de sa place plantée de platanes, a été transformé en centre de santé : la municipalité, malgré ses efforts, n'a jamais réussi à convaincre un médecin de s'installer, alors ils ont ouvert une antenne qui permet d'orienter les patients vers les services appropriés, plus loin dans la région.

Pour le collège, les adolescents se rendent en car à Saint-Donat-sur-l'Herbasse, un bourg un peu plus animé. Les lycées, eux, se trouvent à Romans-sur-Isère, 33 000 habitants. Le bus scolaire met cinquante minutes pour parcourir les 14 kilomètres. La départementale coupe Crépol en deux. Au nord, les habitations s'arrêtent à un coteau arrondi et boisé ; au sud, à un sentier qui court sous un rideau d'arbres, le long de la rivière. Au-delà s'étendent des champs de maïs, de colza, de sorgho. Crépol est un village austère, taiseux, comme la France en compte tant, où tout le monde se connaît – des habitants installés depuis vingt ans y sont encore perçus comme des étrangers. Un village comme un autre.

On accède à la salle des fêtes soit par le haut, à pied, via une étroite sente en pente. Soit par le bas, en venant du magasin Utile, par le chemin des

Guignons. Le bâtiment sans coquetterie s'ouvre, par une première double porte, sur un large vestibule, avec les toilettes à droite. Ce soir, les bénévoles y ont installé une table pour l'encaissement des entrées et deux videurs y assureront la fouille. Les deux autres vigiles vérifieront que tout se passe bien à l'intérieur. L'un est venu avec sa fille, lycéenne. Une deuxième double porte conduit à la salle du bal. Au fond, le bar où l'on pourra commander de la bière au pichet, de la marquisette (un cocktail du Sud-Ouest, mélange de citron ou d'orange, de mousseux et de vin blanc sec), et des softs. Dans un coin de la pièce, le DJ installe déjà sa sono.

Il fait doux pour un mois de novembre. Avant même l'ouverture, ils sont nombreux à se presser devant la salle. Ils ont entre 15 et 20 ans et ils se connaissent tous ; leurs parents, leurs frères, leurs sœurs, se fréquentaient avant eux. Ils sont ou ont été dans les mêmes établissements scolaires, tous les jours à l'aube, ils ont pris le même car. Les garçons portent des jeans roulés aux chevilles, des pantalons cargo beiges, des baskets blanches. Polos Eden Park, doudounes sans manches. Ils jouent au rugby ensemble. Les filles ont soigné leur tenue. Ils sont apprentis, ouvriers, lycéens, fils d'agriculteurs, d'ouvriers, de professions intermédiaires, leurs mères sont professeures, infirmières… Le week-end, ils font du VTT dans les collines alentour. Dès qu'ils ont l'âge, ils passent le permis. Ils portent des prénoms qui fleurent bon la IIIe République, Amélie, Léonie, Manon, Léandre, Louis, Adrien. « Nous, aux bals de campagne, on se connaît tous », disent-ils simplement. Certains ont passé la journée à la chasse, avec des amis ou des parents, dans les environs giboyeux. Beaucoup sont conscrits – c'est-à-dire issus des mêmes villages et nés la même année –, ils passeront leur majorité à organiser des charivaris, des événements et des désordres bon enfant. Les plus petits sont venus accompagnés d'un aîné. Ils dormiront les uns chez les autres, des parents volontaires les attendront sur le parking, à la fin de la soirée.

À 22 heures, les portes s'ouvrent, ils entrent, joyeux, excités.

Les rugbymen de l'équipe U18 du RC Romans-Péage arrivent en paquet serré. Ce matin, alors qu'ils disputaient un match dans la boue, sous le soleil pâle de l'automne, la mère d'un joueur est morte d'un arrêt cardiaque sur le bord de la pelouse. Choqués, ils ont passé la journée ensemble, à ruminer. Thomas Perotto, leur capitaine, secoué, a appelé un de ses frères aînés, pâtissier en Suisse, pour lui raconter. Il va bientôt fêter ses dix-sept ans. Brun, râblé, discret et souriant, il a hésité à aller faire la fête ce soir. Finalement, ses coéquipiers et lui se sont décidés, et les voilà qui arrivent, se bousculant et chahutant. C'est son frère Hugo, de six ans son aîné, qui les a accompagnés dans le Renault Trafic de leur père, restaurateur dans le village de Hauterives, car leurs parents se sont absentés pour le week-end. Les deux frères sont restés proches malgré le départ de la maison de Hugo il y a un an et demi. Après la soirée, le petit frère doit aller dormir chez son meilleur ami, dont le père viendra les récupérer.

Certains ont bu un peu avant de venir mais de toute façon, les bénévoles de la buvette ne vérifieront pas qu'ils ont l'âge requis et tout le monde sera servi. Un verre de marquisette à la main, les filles se rassemblent déjà et contemplent la piste de danse, tentées d'y aller mais n'osant pas encore, pendant que les garçons plaisantent par petits groupes, en face. L'excitation monte.

La maire de Crépol, Martine Lagut, est restée chez elle. Elle n'ira pas à la soirée, elle se sent fatiguée. Elle a perdu il y a peu sa fille unique et elle a son petit-fils qui passe la nuit chez elle. Pour lui, devant ses collègues à la mairie, devant les habitants aussi, elle masque son chagrin. Elle a autorisé la soirée, les jeunes du comité semblaient si motivés, mais elle se couche pourtant avec une inquiétude au cœur. Elle se demande si la sécurité est suffisante. Ils en parlent souvent, entre maires de petites communes. Ces divertissements qui n'attiraient plus que quelques dizaines de familles sont redevenus à la mode et ils ne savent pas comment gérer l'afflux de visiteurs. Est-ce le confinement, avec la fermeture des discothèques, qui a remis à la page ces soirées d'antan ? Martine Lagut espère que tout ira bien, les jeunes ont besoin de s'amuser. En s'endormant, elle pense qu'elle n'a pas pris de mesures particulières pour l'éclairage public. À minuit, les lampadaires s'éteindront sur la commune.

Dans la salle, la fête bat son plein. Le DJ passe des sons à la mode, capables de faire danser plusieurs générations. Les bénévoles servent sans discontinuer. Les fêtards vont et viennent entre la piste de danse et la courette, dehors, pour fumer et pour se soulager, les garçons évitant ainsi la queue aux toilettes. À chaque passage, ils sont fouillés rapidement. Vers minuit, l'entrée devient gratuite.

C'est alors qu'ils arrivent. Un groupe d'une dizaine de jeunes hommes. Ils ont le même âge que les autres participants, d'un côté ou de l'autre de la majorité. Certains sont encore scolarisés dans les mêmes établissements que les villageois, le lycée du Dauphiné à Romans ou le centre de formation des apprentis de Livron, qui enseigne les métiers de la bouche, de l'automobile, de la coiffure ou de l'hôtellerie. Ils se connaissent de vue, parfois de nom, mais ne se fréquentent pas. Car ce sont des garçons de Romans ou, plus précisément, d'une petite cité que tout le monde connaît ici pour sa mauvaise réputation, la Monnaie. Ils y habitent, ou y ont vécu un temps. Leur apparence dénote un peu dans la soirée : ils portent des survêtements Lacoste ou aux couleurs d'équipes de foot, sont chaussés de Requins ou d'Air Max, ont des sacoches en bandoulière. Capuche ou casquette vissée sur la tête, cheveux romantiquement lâchés sur les épaules, ou aux coupes sophistiquées, décolorées, déstructurées, ils sont venus exclusivement entre garçons. Quelques villageois les regardent entrer. Deux ou trois se placent à petite distance, mains dans les poches, air menaçant, pour leur faire sentir qu'ils ne sont pas les bienvenus. Il y en a même qui sortent leurs téléphones et les filment, discrètement. Mais la plupart ne les remarquent pas. Il y a 465 personnes dans la salle, surchauffant l'atmosphère de leurs corps compressés.

À l'intérieur, la petite bande ne consomme rien, mais certains ont apporté des flasques de vodka ou des cocktails de Red Bull et d'alcool dans des bouteilles d'eau minérale qu'ils ont laissées à l'extérieur, cachées dans la courette. Ils sortent souvent pour y boire, ou pour fumer. Méfiants, moqueurs, ils se faufilent dans la salle le long des murs, sans jamais trop s'éloigner les uns des autres, trouvant leur assurance dans le groupe.

À l'entrée, les vigiles ont confisqué quatre couteaux, dont deux à ces garçons qui les ont remis sans protester.

Plus tard, un nouveau groupe arrive de la Monnaie. Ils sont un peu plus âgés, ils ont dépassé la vingtaine. Comme la fête est bientôt finie, la plupart n'essaient pas d'entrer et se contentent de se rassembler sur le parking, devant la porte. Ils fument du cannabis et en proposent aussi à la vente.

Ilyès, 20 ans, est arrivé avec eux, une heure et demie après avoir reçu un message d'un copain qui y était déjà. Il a les cheveux bouclés et les porte détachés, flottant en longues ondulations sur les épaules. Alors que s'élèvent les paroles du dernier morceau, « Tchikita », un tube de Jul, un costaud surgit derrière lui et les lui tire. La voix autotunée de Jul résonne dans la salle :

« Tchiki-Tchikita
Elle a l'regard qui tue Tchikita
Cheveux longs comme Nikita »

Le moqueur répète « T'as les cheveux longs comme Nikita ». Il est rejoint par quelques amis et deux groupes se font rapidement face. Parmi eux, un autre Thomas, 23 ans, un ouvrier à la large carrure habitant un village à une douzaine de kilomètres de Crépol. Durant la soirée, il aurait dit plusieurs fois, selon une participante, qu'il avait envie de se battre et de « taper du bougnoule ». Plus tard, devant les gendarmes, il le niera, disant qu'il ne s'en souvient pas, qu'il ne pense pas avoir employé ces mots. Mais il reconnaîtra sans fard qu'il est « de la campagne, où on n'aime pas trop les racailles ». Il a beaucoup bu, de la bière sur place et des pastis avant de venir.

Quelqu'un propose de sortir trancher le différend. « Allez garçon, allons régler ça dehors. » Les deux groupes quittent la salle, nerveux, prêts à se battre, sans raison ou seulement de mauvaises. Dans le vestibule, un des villageois pose ses bières sur la table des entrées en déclarant « C'est parti » et, de deux puissants coups de poing au visage, propulse Ilyès à l'extérieur.

Youenn, le vigile en station près de la table des entrées, voit la bagarre commencer. Une petite bande de filles qui étaient en train de sortir comprend que « ça part en baston » et ça ne les étonne pas. Les bals se terminent souvent ainsi quand des garçons qui ont trop bu entreprennent de régler aux poings d'obscurs conflits que tout le monde aura oubliés le lendemain. Elles sont blasées, ces rodomontades ne les impressionnent pas. Jusqu'à ce qu'elles entendent le cri : « Ça plante, ça plante ! »

Dehors, il fait nuit noire, les lampadaires se sont éteints. La courette est bordée d'un muret de pierre surmonté d'un petit grillage. Elle n'est éclairée que de la lumière crue que jettent les ampoules du vestibule par la porte grande ouverte. Il y a comme un ressac : des jeunes en train de partir croisent ceux qui, déjà sortis, veulent rentrer se mettre à l'abri. Quelques-uns de ceux qui étaient à l'intérieur, entendant commencer une bagarre, veulent au contraire en être. Des curieux se rapprochent, d'autres s'écartent, épouvantés. Bientôt, ce n'est plus qu'une échauffourée confuse. Certains sortent leurs téléphones et filment. On distinguera, sur les vidéos, un magma de corps lancés les uns contre les autres, des jambes qui s'élancent pour de puissants coups de pied, des cris, des mouvements tumultueux, des silhouettes qui courent.

Youenn, le videur, est sorti derrière Ilyès et Thomas. Il avance dans la mêlée, aperçoit Marceau, employé de 20 ans, cerné par un groupe hostile. Il distingue un couteau que Marceau, qui se débat, n'a pas encore vu. Youenn l'attrape par le col pour le tirer hors de danger et c'est lui qui prend le coup, en pleine main. Ses tendons sont sectionnés, son bras lâche, mais Marceau est hors de danger. Ils reculent ensemble vers la salle. Le sang coule du bras de Youenn. Il traverse le vestibule où se masse désormais une foule inquiète. Dehors, la bagarre s'étend. Un père de famille s'est jeté dans la cohue. En difficulté, il est à quatre pattes, tabassé par quelqu'un qui se cramponne à son dos. Il parvient à lui enfoncer son pouce dans l'œil pendant que son fils Léandre jette une barrière. Loïs, 20 ans, a lui sauté sur le dos d'Ilyès. Il le connaît depuis le lycée et ne l'apprécie pas. Il lui porte maintenant des coups de pied et de poing au visage pendant qu'un autre, Evan, lui donne des coups de pied dans le ventre et dans les jambes. Ilyès consultera un médecin lundi à Bourg-de-Péage. Le praticien constatera à l'examen des hématomes sous-orbitaires droits et des griffures frontales. Convaincu que ces blessures sont consécutives à une altercation, il n'osera pourtant poser aucune question et accordera au jeune homme un arrêt de travail de quatre jours.

Rémi, 18 ans, entre dans le vestibule après Youenn. Pâle, l'air étonné, il a une main sur les reins. Dehors, il a senti comme une piqûre de frelon. Il a entendu « tu es planté » mais il ne sait pas qui criait cela, ni si c'était à son adresse. Rémi est en terminale STMG au lycée du Dauphiné. Délégué de classe, bon élève, il est sportif et chasseur. Ce matin, il a participé à une battue en famille. Après son bac, il veut s'engager dans l'armée. Un ami soulève sa chemise, déjà imbibée du sang, noir, épais, qui jaillit par à-coups de la blessure très nette qu'il a aux reins. Quelqu'un se met à hurler. Rémi n'a pas mal, pas encore, pas vraiment, il ne parvient pas à comprendre ce qui lui arrive. Il le formule à voix haute comme pour en tester la réalité. « Je me suis fait planter », dit-il sans émotion aux amis qui l'entourent. Il se rend d'un pas tanguant dans les toilettes où il voudrait se nettoyer. Quelqu'un presse sa plaie pour arrêter le sang. Il se passe de l'eau sur le visage. Quand il réalise enfin qu'il a reçu un coup de couteau, il devient fou. Il veut ressortir, se battre, se venger. Il tape contre les murs. Ses amis ont du mal à le calmer.

Dans le vestibule, le carrelage est maculé de rouge. Les baskets d'une jeune fille dérapent dans le sang. Un garçon crie à ceux qui sont encore dans la salle : « Ne sortez pas, ils attaquent tout le monde au couteau, ne sortez pas. » Certains poussent des coudes pour aller se battre, des grands frères cherchent les petits, des amis leurs camarades. Les responsables de la soirée, désemparés, referment toutes les portes. Beaucoup pensent à un attentat. Les blessés sont regroupés dans la cuisine. Dehors, les violences continuent. Des barrières de chantier sont utilisées comme projectiles, des pierres volent dans le noir, un jeune homme reçoit un projectile à la pommette, un autre à l'arrière du crâne.

Jonathan n'a pas encore 28 ans. Devenu ouvrier après une licence STAPS, il travaille avec son père sur des chantiers. C'est un ami de l'autre Thomas avec qui il a bu l'apéritif un peu plus tôt. Il s'est laissé entraîner ce soir, alors qu'il n'avait pas très envie de sortir – il n'y aura que des gamins, pensait-il. Et puis il a perdu le goût des bals, des beuveries, des filles, il a grandi. Il a passé l'après-midi à la chasse, seul avec son fusil, son chien, ses pensées… Il tire rarement, c'est surtout pour marcher, pour réfléchir, qu'il parcourt ainsi la campagne. C'est un costaud aux larges épaules, qui a joué au rugby comme nombre des garçons du coin. Quand il a vu son ami Thomas sortir pour se battre, il lui a emboîté le pas, ni impressionné ni étonné. Les bals de village ont cette tendance à dégénérer. « Je n'y allais pas pour faire un Monopoly », nous dira-t-il sans ambages.

Mais Jonathan est surpris par la brutalité de la scène. On y voit mal, dans la nuit très noire. C'est le chaos. Des gens impossibles à identifier se battent dans tous les sens. Il lui semble qu'il y a plusieurs foyers de bagarre mais il n'a pas le temps d'analyser car il vient d'apercevoir Thomas, au sol. Il ne voit plus que ça, on appelle ce phénomène la vision tunnel, quand tout s'estompe au profit d'une seule image. Alors Jonathan fonce dans le tas, distribuant des beignes. Il veut arriver jusqu'à Thomas, envoyer valdinguer ceux qui le maintiennent. Ce sont des pensées confuses, à peine formulées, des mouvements réflexes. Il attrape quelqu'un, en tape un autre, il progresse quand une douleur aiguë, dans son dos, immédiatement suivie d'une seconde, le fige. Aïe, pense-t-il simplement en s'arrêtant. Il se redresse. Un rush massif d'adrénaline fait taire la douleur, il a senti à peine plus qu'une piqûre. Mais sous sa main, sa chemise est trempée déjà, poisseuse. Il sait que c'est du sang. Lentement, il fait demi-tour, revient vers la salle. Il a deux plaies, une profonde au flanc droit, une autre à la hanche. En entrant, la lame a fracturé des côtes. Jonathan est encore conscient mais, rapidement, il se sent faiblir. Les gens le laissent passer, il va jusqu'aux toilettes, où se trouvent encore Rémi et ses amis. Il se regarde dans la glace. Il pense que les pompiers vont sûrement arriver bientôt, puisqu'il y a plusieurs blessés, ou bien quelqu'un l'informe qu'ils sont en route. Il se demande s'il va tenir. Sa respiration est difficile : la blessure a provoqué un hémothorax, un épanchement de sang dans le poumon. La vie fuit, s'écoule de lui sans qu'il puisse rien y faire. Il se sent mourir.

Dehors, son ami Thomas s'est relevé, il est debout près du grillage qui surmonte le muret de pierre, il s'y agrippe. Il ignore comment il s'est dégagé. Il est blessé, à l'avant, au thorax. Il prend sa poitrine entre ses mains et s'effondre à genoux.

Qui l'a aidé à se relever ? Quelques minutes seulement ont passé. Thomas, éberlué, est assis sur une chaise qu'on a tirée là pour lui. Il a soulevé son t-shirt. La blessure, au niveau du cœur, est nette, le sang en gicle, à chaque battement il s'affaiblit. Il ne fait rien. Autour de lui, partout, encore, on se bat. Qui lui a fait ça ? Ça pourrait être n'importe laquelle de ces silhouettes.

Les premiers appels aux secours et aux gendarmes ont lieu à 2 h 06 et 25 secondes, dans la cacophonie et les cris. La bagarre n'a duré qu'une poignée de minutes. Au téléphone, les pompiers ont du mal à comprendre la situation. « Oui bonjour, je vous appelle car il y a eu des coups de couteau ». « Des coups de couteau ? Où ça exactement ? » « On est à la salle des fêtes de Crépol au bal, à un bal. Il y a eu plusieurs coups de couteau, je sais pas combien il y a de blessés mais voilà. » Quatorze autres appels suivront, tous plus paniqués au fur et à mesure que l'état de santé des victimes se dégrade. « On a beaucoup de blessés, on en a un grave », dit une maman. À l'arrière, on entend des cris et des insultes – « ils sont où, ils sont où ces fils de pute ? »

À 2 h 01, Thomas Perotto, le jeune capitaine U18 du RC Romans-Péage, reçoit un snap d'un copain qui lui demande où il est. La réponse fuse : « Dehors, ça va partir en couilles ». Un peu plus tôt, une de ses amies s'est fait draguer par un garçon de la Monnaie alors il s'est approché, sans rien dire, juste pour montrer qu'il était là. Il ne s'est rien passé de particulier.

Quand la bagarre commence, son frère aîné Hugo est dehors, il fume une cigarette, prêt à partir. Lorsqu'il voit sortir les premiers combattants, il ne se jette pas dans la mêlée, il n'est pas bagarreur. Mais il aperçoit Thomas, aux prises avec deux individus. Des pierres volent, Thomas en reçoit une à l'arrière de la tête. Hugo regagne l'intérieur, enjoignant à Thomas de le suivre. « Ça va ? » lance-t-il par-dessus son épaule, en courant vers la salle. « Ça va », semble lui répondre son cadet.

Sauf que derrière lui, ce n'est pas son frère, mais un de leurs amis. Dans la nuit très noire, Hugo n'a pas remarqué que Thomas était resté dehors. Personne n'a vu qui lui a planté un couteau en plein cœur, à l'horizontal. Une seule plaie, d'une largeur d'1,8 centimètre. La lame s'est enfoncée jusqu'au ventricule droit, sans traverser le cœur.

Un ami le pousse à présent devant lui pour le mettre à l'abri. Thomas tient debout. Il traverse le vestibule. Certains disent qu'on l'a porté, mais en réalité, il marche encore. « On soigne les blessés dans la cuisine », leur crie une fille. Thomas entre, très pâle, à présent soutenu par deux camarades. Il est conscient mais ses jambes se dérobent et il faut le retenir. Ils l'allongent par terre. « Mettez-le en PLS », dit Juliette.

La jeune fille, 17 ans, lycéenne et pompier volontaire, est venue passer la soirée avec des conscrits de son village, Le Grand-Serre. À la fin de la soirée, elle est allée récupérer ses affaires de moto dans la cuisine qui servait de vestiaire. Ses tresses africaines, bien collées au crâne, balaient les manches de son t-shirt blanc. Alors qu'elle attendait son casque, elle a vu arriver Youenn, le vigile. Il lui a dit qu'il ne sentait plus ses doigts. Elle est entrée dans la cuisine pour chercher un torchon et lui faire un point de compression afin d'arrêter l'hémorragie. Dehors, on entend les cris de l'affrontement qui fait rage. C'est à cet instant que Thomas arrive.

Juliette demande au vigile s'il peut se débrouiller seul et, sur sa réponse positive, elle se rapproche de Thomas. Elle lui parle pendant qu'Orlanne, 19 ans, en deuxième année d'école d'infirmière, appuie sur sa poitrine pour arrêter l'écoulement du sang. Juliette essaie de le maintenir éveillé. Quand elle le lui demande, il serre ses doigts un peu plus fort. Elle tente de le rassurer. « Respire, Thomas. » « Allez, Thomas », disent aussi en chœur des garçons, penchés sur leur ami. Thomas est de plus en plus pâle. Il vomit puis il dit doucement quelque chose comme « ça va ». Ce seront ses derniers mots. À présent, quand Juliette lui demande de serrer plus fort, il n'obéit plus. Mais il respire encore.

Les pompiers sont en chemin. En ligne avec le centre d'appels, Orlanne, l'élève infirmière, indique qu'elle a un blessé grave qui présente une plaie au côté gauche. « On en a un qui brad, il est couché par terre, il commence à vomir. La blessure est au niveau du cœur, en dessous de la poitrine. » Son interlocuteur perçoit sa panique et l'engage à se calmer. Il veut lui expliquer comment faire un point de compression avec un tissu propre, mais c'est déjà fait, réplique la jeune fille. « Il est pas conscient, il est pas conscient », répète-t-elle, affolée. Dans la cuisine, l'agitation est perceptible. « Calmez-vous, respirez », intime l'opérateur. La blessure de Thomas ne saigne plus. « Il est pâle, très très pâle », lâche Orlanne. Thomas respire plus fort, moins régulièrement. « Les secours sont en route, les collègues devraient être là dans cinq minutes », la rassure l'opérateur qui propose de rester en ligne avec elle Thomas a ouvert la bouche, il cherche son souffle. L'opérateur entend encore des voix masculines en arrière-fond : « Allez Thomas, allez, respire. » Il demande son nom à son interlocutrice, il passe au tutoiement, il la guide : « Tu seras mes yeux, mes mains. » Thomas a les yeux ouverts mais il ne voit pas, son regard est vide. Orlanne tente de reprendre son pouls mais ne le perçoit plus. Elle panique, crie : « Il respire plus, il est violet, il est violet complet. »

« Ok tu le mets à plat dos, tu le mets à plat dos. » Sous ses indications, Orlanne commence le massage cardiaque, « tu commences par trente compressions, allez tu imprimes, j'vais le faire avec toi, on va le faire ensemble, c'est bien, c'est parti, compte ». Elle obéit. « Allez on masse masse masse masse masse masse, allez, allez Orlanne, on lâche pas, on lâche pas. » Quelqu'un a apporté un défibrillateur dans la cuisine. Ils mettent les patchs sur le torse de Thomas. La jeune fille, en écho, cramponnée à son téléphone, répète : « Allez les gars. » Ensemble, ils comptent. « Seize, dix-sept, dix-huit… », « dix-neuf, vingt, vingt et un, vingt-deux, vingt-trois, vingt-quatre, vingt-cinq », dit l'opérateur à son oreille. Orlanne continue, la voix blanche : « Vingt-six, vingt-sept, vingt-huit. »

Les pompiers sont arrivés. Ils prennent le relais.

L'opérateur : « Tu m'entends Orlanne ou pas ? » Doucement : « Oui, oui je vous entends. » « Ok t'as fait du super boulot. » Elle pleure. « J'espère que ça aura marché, parce que… » Elle se tait. Il répète. « T'as fait du super boulot, tu t'en es super bien sortie, d'accord ? Allez, tu m'entends ? »

Hugo, qui ignore ce qui est arrivé à son frère, a rejoint leurs cousines plus âgées, Sonia et Céline, qui sont venues chercher leurs enfants. Elles les attendent sur le parking du Utile, comme convenu. Il les trouve bouleversées : elles ont été attaquées par des garçons qui prenaient la fuite. En s'engageant sur le chemin de la salle des fêtes, elles leur ont bloqué la sortie. Les jeunes les ont menacées, insultées et ont jeté un parpaing dans leur pare-brise. Elles n'ont encore récupéré qu'un de leurs enfants, l'autre est à l'intérieur, confinée par les organisateurs. Pendant qu'ils parlent, les pompiers arrivent, puis les gendarmes.

C'est à ce moment que des amis de Hugo arrivent. « Va dire au revoir à ton frère. Il est en train de partir. » Hugo repart en courant vers la salle des fêtes. Quand il arrive, Thomas est inconscient, les pompiers s'affairent autour de lui, on ne le laisse pas approcher. Bouleversé, il appelle ses parents. Par réflexe de bon fils, il n'ose pas dire tout de suite à quel point c'est grave. Sa cousine Sonia, elle, entre dans la cuisine et se présente comme infirmière et de la famille. On l'informe que Thomas va être conduit à Tain-l'Hermitage d'où il sera évacué en hélicoptère vers Lyon. Elle approche, voit le visage de son petit cousin et comprend. Dehors, devant la porte, Hugo est encore en ligne avec ses parents. Elle lui prend l'appareil des mains. Il faut qu'ils reviennent, tout de suite. C'est très grave.

Thomas meurt dans l'hélicoptère qui le transporte à l'hôpital.

La fuite de Crépol

Chaïd a eu 20 ans la veille du bal. Celui que ses amis surnomment Chacha a déjà quatorze mentions au TAJ, le traitement des antécédents judiciaires. La plus ancienne date de ses quinze ans. La plupart des procédures sont liées à la consommation de stupéfiants, mais il a aussi été arrêté pour recel de vol, conduite sans permis, outrage à un agent des transports publics. Lors d'une de ses interpellations, il était porteur d'un opinel et d'une pince à boulons. Son rayon d'action est très large, de Romans à Grenoble et, plus particulièrement, la cité Échirolles.

Ce samedi 18 novembre, il se fait remarquer au bal toute la soirée par son comportement provocateur et parfois un peu insistant avec les filles. Il va et vient sans arrêt entre la salle et la courette où il sort pour boire à la bouteille qu'il a laissée et pour fumer, un joint et des cigarettes. Lors d'une de ses sorties, il aborde avec insistance une jeune fille alcoolisée qui pleure après s'être disputée avec son petit ami. Rembarré d'un « Vous les Arabes vous faites chier », il s'énerve. Plus tôt dans la soirée, il a voulu danser avec une autre et lui a saisi les mains en riant malgré son refus. Elle s'est dégagée vivement et des amis à elle ont filmé la scène. La vidéo circulera dès le lendemain sur les réseaux sociaux. En arrivant à la salle des fêtes, Chaïd a remis sans difficulté le couteau de cuisine qu'il transportait dans sa sacoche aux videurs. Il a toujours un couteau sur lui : pour couper son shit, dit-il. Dans la soirée, il connaît au moins un participant, Elies, à qui il a volé un scooter alors qu'ils fréquentaient le même collège. Chaïd n'est pas un enfant de chœur et le reconnaît volontiers. Dernier-né de parents âgés qui se sont séparés à sa naissance, il est proche de sa grand-mère, Fatima, chez qui il dort souvent. Il a quitté le système scolaire avant d'avoir fini son CAP de peintre et n'a jamais travaillé. Il n'a pas d'autre diplôme que le brevet des collèges. Aux forces de l'ordre, il déclare ne rien faire de ses journées. Il dort tard, vit la nuit, traîne et se met régulièrement dans de sales draps. Pendant la bagarre, on le voit baisser son jogging et agiter ses parties génitales en direction des villageois. Quelqu'un dit l'avoir entendu crier à cet instant « je vous encule, vous les Blancs ! ».

Karine vient chercher sa fille. Elle a 50 ans et travaille comme agent accompagnant d'élève en situation de handicap. À 2 heures pile, elle se gare sur la place de l'ancienne école et elle s'apprête à attendre dans sa voiture quand elle voit un véhicule faire une marche arrière très rapide, heurter un banc, puis s'arrêter un instant pour laisser monter trois jeunes avant de filer à toute vitesse. Karine pense qu'il s'agit de garçons qui ont trop bu, ce n'est pas rare dans les bals. Elle appelle sa fille pour la prévenir qu'elle est arrivée, mais cette dernière lui apprend qu'elle est confinée dans la salle à cause des bagarres. Karine ouvre sa portière et perçoit des cris et des pleurs qui montent dans la nuit. Elle sort et entend le claquement sonore d'un coup de feu. Dans son appartement, une femme qui joue à la PlayStation sans trouver le sommeil entend aussi le bruit de la détonation, pense même en distinguer deux. Elle entrouvre les volets à temps pour voir des véhicules filer sur la départementale, en direction de Romans.

Karine se met à courir. Sur le chemin étroit, elle croise une bande qui remonte rapidement dans sa direction en criant. Parmi eux, Chaïd. Elle croit entendre « on va tous les niquer » et « prends ça dans ta gueule ». Chaïd lui adresse un violent coup de poing en plein visage. Sa tête heurte le mur de l'autre côté, elle perd connaissance debout, quelques instants. Les jeunes la dépassent, disparaissent. Karine, sonnée, parvient sans savoir comment à la salle des fêtes où un videur la fait entrer.

Sa fille, voyant son visage couvert de sang, se met à pleurer. Le videur essaie d'éponger pour voir où elle est blessée. Karine regarde autour d'elle. Deux jeunes passent, portant Thomas dans la cuisine, un autre presse une serviette déjà rouge contre une plaie à son flanc, du sang couvre le sol. Quelques minutes après, quatre pompiers arrivent en courant et prennent le relais du massage cardiaque de Thomas.

Au même moment, sur l'autre sentier, celui qui descend vers le magasin Utile, Kaïs, 17 ans, court sur les gravillons frangés d'herbes folles, dans la nuit noire. Costaud, pas très grand, il a le souffle court. L'air humide emplit ses poumons, il sent la douleur irradier dans son bras, les bords de la plaie qui pulsent, la manche de son survêtement trempée par le sang. Il ne veut plus penser à la lame qui a fendu l'air vers son cœur. Il chasse l'image. Le visage derrière le couteau, il ne veut plus y penser. Il le connaît pourtant, c'est un garçon du quartier, c'est un copain qui l'a planté. Les cris, les filles qui pleurent... il fait le vide dans sa tête. Courir, ne pas penser, disparaître de ce village de malheur. C'est la première fois qu'il participait à un bal, il est venu pour draguer, sa mère nous le décrit comme « un homme à femmes » et lui-même, plus tard, dira aux policiers qui l'interrogent que lui, ce qui l'intéresse dans la vie, c'est les filles. En voyant la lame, il n'a eu que le temps de lever le bras pour se protéger. Et maintenant, il court, le cœur battant. Il a dansé ce soir mais la seule femme avec qui il ait vraiment discuté avait quinze ans de plus que lui, elle était prof, et elle l'a taquiné sur sa casquette. Souriant, timide, il n'a pas fait preuve de beaucoup de repartie. Pas de conquête ce soir, donc, juste les copains de toujours et des grands du quartier à qui il n'est pas sûr de faire confiance, la nuit tout autour, des maisons inconnues aux volets fermés, les gendarmes qui seront là bientôt. Il accélère. Un bruit de moteur, une voiture ralentit près de lui, c'est la C3 conduite par Fayçal, qui vient de tirer un coup de feu. Chaïd est à l'intérieur. « Monte. » Il hésite, ils sont plus âgés, il secoue la tête, refuse. Une insulte, la C3 accélère. Enfin, un peu plus loin, il retrouve la Polo blanche avec laquelle il est venu. Il est un des derniers à monter, ils sont déjà six à l'intérieur, qui ont fui en désordre. Dans la panique, ils laissent sur place un de leurs véhicules qu'ils reviendront chercher au petit matin et s'entassent. La voiture est flashée en excès de vitesse quelques minutes plus tard. À 2 h 53, Kaïs entre au centre hospitalier de Valence, sa veste de survêtement kaki enroulée autour du bras, accompagné d'un copain qui se fait passer pour un frère aîné majeur. Il raconte s'être interposé dans une bagarre au couteau et prétend que ses parents sont en Algérie. Il ressort à 4 h 26 avec trois points de suture. Le médecin a mesuré la plaie, 2 cm linéaire sans perte de substance.

Vers 3 heures du matin, la police municipale de Romans, avertie des événements de Crépol, se déplace à la Monnaie. Deux agents constatent que l'ambiance y est électrique. De nombreuses voitures sont rassemblées sur la place Hector Berlioz, en plein cœur de la petite cité. À leur approche, des jeunes klaxonnent pour avertir de la présence des forces de l'ordre. Alors qu'ils repartent, après avoir simplement relevé les plaques d'immatriculation, ils sont abordés par Chaïd, très alcoolisé, le regard vitreux. « Le quartier est bouillant ce soir », leur dit le jeune homme, qu'ils ne connaissent que trop. Une voiture blanche approche, et deux ou trois jeunes aussi, qui se tiennent derrière Chaïd, sans parler. L'un a un cache-col remonté sur le nez. Le véhicule reste proche, moteur allumé, mais les policiers municipaux ne parviennent pas à distinguer ses occupants et finissent par se retirer, laissant la cité en ébullition.

Le procureur

Il a une moustache en guidon de vélo fixée à la cire, une tignasse blanchissante mais qui a sans doute été plutôt rousse, une solide silhouette et une voix capable d'être tour à tour douce ou tonitruante. Laurent de Caigny est procureur de la République de Valence depuis à peine plus d'un an quand il est réveillé, le dimanche 19 novembre à 4 heures du matin, par un coup de téléphone de sa substitute. Sa voix, fatiguée mais précise, se fait entendre à son oreille : « À Crépol, près de Romans, un gamin de 16 ans est mort pendant son transfert à l'hôpital. » Assis dans son lit aux côtés de son épouse que l'appel n'a qu'à peine dérangée, le procureur se dit que c'est chiant ça, la mort d'un enfant. Ça touche les gens, ça heurte l'opinion. Et quand l'opinion s'en mêle… C'est pour ça qu'elle l'a appelé, d'ailleurs. La hiérarchie est claire : quand il y a crime, on réveille la substitute. S'il y a complication – l'âge de la victime en est une –, elle avertit le procureur. Très expérimentée, elle a douze ans de métier, elle sait repérer une affaire qui va être compliquée. Laurent de Caigny l'écoute attentivement le briefer du peu d'éléments dont elle dispose à ce stade – plusieurs blessés, une bagarre générale, un mineur tué – et prend la décision de saisir la section de recherches de la gendarmerie, son service le plus compétent. Devenu insomniaque avec l'âge, il est incapable de se rendormir. Le téléphone à la main, il quitte la chambre conjugale et s'installe devant la télévision, dont l'écran diffuse des anciennes émissions de TPMP, en attendant d'en savoir plus. Il laisse son esprit vagabonder tandis que les invités se succèdent en plateau, au son des rires complaisants du public. La nuit est encore noire quand la substitute le rappelle. Ils échangent sur l'état de l'enquête et le magistrat réfléchit à haute voix à la qualification des faits. La difficulté consiste à viser au plus haut – en se basant sur les éléments objectifs du dossier – quitte à redescendre ensuite. C'est une question stratégique car on ne peut pas procéder à l'inverse et requalifier plus haut ultérieurement. Il ne faut pas se tromper. Pas exagérer non plus. À ce stade, le procureur hésite entre meurtre, c'est-à-dire homicide volontaire, et coups mortels ayant entraîné la mort, autrement dit un homicide involontaire.

Sa substitute le rappelle, en chemin vers Crépol. L'affaire l'inquiète, elle se demande s'ils ne devraient pas réveiller le procureur général de permanence, celui de Grenoble. Laurent de Caigny lui conseille d'attendre d'être sur place. Elle le rappelle peu après, du village. Sa voix a changé. Elle décrit une scène de chaos. Elle ne dispose encore d'aucun procès-verbal écrit, mais elle dépeint pour lui les gendarmes qui grouillent avec leurs carnets à la main, les techniciens de l'identité judiciaire à l'œuvre sur une scène de crime très étendue – la salle des fêtes elle-même, aux murs et au sol tachés de sang, la courette, où ont eu lieu une grande partie des violences, le sentier qui conduit à la place de l'école où les platanes retiennent l'ombre, celui qui mène en bas, près du magasin Utile, et les parkings d'où se sont enfuis les auteurs. Des projecteurs trouent la nuit et éclairent les graviers. Des petits cavaliers numérotés se multiplient à côté des indices, taches de sang, bouteilles d'eau minérale remplies d'alcool, mégots de cigarettes et de joints, pavés et cailloux ayant servi de projectiles... Le rouleau compresseur de l'enquête judiciaire est en marche. La substitute décide enfin de prévenir le procureur général de permanence – il ne se réveille pas, elle lui laisse un message.

Laurent de Caigny, attentif, devine le trouble de sa substitute derrière le vernis technique. « C'est bizarre, l'ambiance », lâche-t-elle. Elle évoque les trois autres victimes en urgence absolue. Le nom de Thomas n'est pas encore connu, elle sait seulement que son corps va être autopsié à l'institut médico-légal de Grenoble. « Les gens disent qu'une bande est venue et les a attaqués. » Elle rajoute aux qualificatifs : homicides et violences aggravées. À nouveau, le procureur de Valence se dit que ça ne va pas être simple.

Il est 6 h 30. Il se lance dans les préparatifs d'un copieux repas dominical. Le procureur aime la bonne chère. Un peu plus tard dans la matinée, il sort acheter un gâteau à la maison Guillet, fameuse en ville, dont les vitrines éclairées se trouvent en face du kiosque Peynet, esplanade du Champ de Mars. À 11 heures, il s'installe à côté du kiosque, son gâteau emballé à la main. Le temps est doux pour la saison, ensoleillé. Les austères monts d'Ardèche se dessinent au loin, leur relief net dans l'air pur. Seul sur son banc, jugeant les conditions de confidentialité réunies, il rappelle sa substitute pour obtenir un compte rendu détaillé en cette fin de matinée. Elle résume : une bande de Romanais est venue au bal, à plusieurs voitures. Certains témoins avancent qu'ils n'étaient pas là pour danser. Le procureur croit savoir que pour entrer, il fallait s'inscrire en amont – ce qui s'avérera inexact. La substitute relève également que les gendarmes parlent d'une « scène de terreur ». Les jeunes participants du bal sont choqués. Des quatre blessés en état d'urgence, trois sont tirés d'affaire mais le pronostic vital du dernier est encore engagé.

Avant midi, le procureur général de permanence, qui a enfin eu connaissance du message de la substitute, rappelle pour prendre la température. Les premiers articles de presse tombent. D'abord BFM, puis *Le Dauphiné libéré* et France Bleu Drôme Ardèche. Dès l'après-midi, le téléphone de Laurent de Caigny se met à carillonner : des dizaines de journalistes aimeraient lui faire confirmer ou infirmer telle ou telle information dont ils ont eu connaissance. En fin de journée, sur sa page Facebook, la députée du RN, Lisette Pollet, évoque une « bande de racailles », précisant qu'ils sont originaires de la Monnaie et sont venus pour attaquer des jeunes de la campagne. C'est là que sort, pour la première fois, le nom de cette petite cité romanaise, la Monnaie. Laurent de Caigny connaît bien Lisette Pollet, ils siègent ensemble dans une des commissions sécuritaires de la région. Il comprend immédiatement le potentiel explosif de son intervention. Dans les commentaires en ligne, on parle déjà de *francocide*. « C'est le réveil du tribunal des cons », pense-t-il, chagrin.

« Ça fait quatre cents ans qu'on porte des robes dans ma famille », affirme Laurent de Caigny avec superbe. Il est de la même promotion qu'Édouard Philippe et Bruno Le Maire, ils ont d'ailleurs fait des exposés ensemble, en 1994, à Sciences Po Paris. Il pense que cette culture politique et familiale lui permet de garder ses distances et de maintenir le cap. Le procureur se défend vigoureusement d'être sensible à la pression venue d'en haut qui, si elle ne se manifeste pas encore, ne va pas tarder, son expérience le lui dit. Il met en avant ses neuf années passées à Reims, Charleville-Mézières puis Valence, ses études à Paris, ses connaissances dans tous les milieux. « Famille en fin de race », comme il la définit lui-même, il a des cousins dans des châteaux à différents stades de décrépitude un peu partout en France et une véritable passion pour son ascendance, qui compte deux maréchaux et de grands serviteurs de l'État. Pourtant, à 15 h 44 ce dimanche, son expérience ne l'empêche pas d'en dire un peu plus qu'il ne faudrait lorsqu'il répond au *Dauphiné* et évoque la piste d'un « règlement de comptes », que l'enquête, après plus d'un an, ne permet pas d'établir.

« Quand un procureur n'a rien à dire, il vaut mieux qu'il ferme sa gueule », voilà comment ce grand bavard résume la position à laquelle il aurait peut-être dû se tenir. Mais cette fois, il lui semble qu'il y a des vérités à rétablir. Les premiers articles de presse lui paraissent inexacts et de nature à provoquer de grandes émotions dont le pays, selon lui, se passerait bien. « Ma plume est serve et la loi dit que je ne suis autorisé à parler que pour rectifier la vérité. » C'est dans cette idée qu'il s'attelle alors à la rédaction d'un premier communiqué de presse qu'il envoie à l'AFP, pour tenter de rétablir la vérité, donc, et d'éteindre les passions.

Le soir tombe. Le procureur s'installe devant les infos, espérant y trouver un événement, ailleurs dans le pays, de nature à éclipser celui-ci. Un drame pour en chasser un autre et enterrer l'émotion médiatique qui commence à naître autour de la mort de ce jeune homme, la renvoyant à sa dimension particulière, au seul et insondable deuil de sa famille et de ses amis, lui rendant son intimité, offrant ainsi à la justice le calme et le temps sans lesquels elle ne peut fonctionner. Mais la société est plus friande que jamais de ces récits dont elle tire un plaisir masochiste, excitée de saupoudrer ses plaies de gros sel, d'histoires d'Arabes terroristes et sanguinaires, fous peut-être, meurtriers toujours, qui attaqueraient des Français. N'importe quoi, n'importe où ailleurs, espère-t-il devant son poste. Il ne sera pas exaucé. Les médias n'ont rien d'autre, en ce soir de novembre, que la mort tragique de Thomas. Et les mots mêmes employés par Laurent de Caigny, qui circulent dès à présent dans la presse, traités par l'AFP et envoyés à toutes les rédactions, vont contribuer à mettre encore un peu plus le feu aux poudres : « expédition programmée », a-t-il écrit imprudemment, sur le seul argument que les jeunes de la Monnaie se sont rendus à Crépol à plusieurs voitures, à quelques minutes d'écart seulement, et se sont téléphoné – comme l'aurait fait aussi n'importe quelle bande de jeunes désireux d'aller faire la fête quelque part.

La figure du défunt colore l'affaire : Thomas est dépeint comme un jeune homme sympathique, serviable, amical, bon fils, bon frère, bon camarade, bon élève. Le procureur espère une résolution rapide. Les investigations sont ouvertes pour homicide volontaire et tentative d'homicide en bande organisée. Cette dernière qualification offre aux enquêteurs les moyens exceptionnels permis par la réforme pénale dite Perben II, votée le 9 mars 2004. Cet arsenal législatif représente un tournant sécuritaire assez net après la loi Guigou de juin 2000 relative à la présomption d'innocence. Pensée pour améliorer la lutte contre la criminalité organisée, elle crée un droit pénal d'exception applicable à une liste d'infractions graves comme meurtre, enlèvement, proxénétisme, acte de terrorisme, blanchiment, dès lors qu'elles sont commises en bande organisée. Ce qui intéresse surtout Laurent de Caigny, c'est que toute personne ayant, de près ou de loin, à voir avec l'infraction commise, est susceptible d'être entendue sous le régime de la garde à vue. Il devine que, compte tenu des liens de solidarités adolescentes et de quartier qui doivent unir les auteurs présumés, compte tenu aussi d'une attitude hostile aux forces de l'ordre et d'une culture du secret, leur parole sera difficile à obtenir. Or on n'a pas la même attitude quand on est en garde à vue pour 48 voire 96 heures que lorsqu'on est entendu comme simple témoin, d'autant plus qu'il s'agit de très jeunes gens, âgés de seize ans à la vingtaine. Le procureur aimerait que les interpellations interviennent rapidement – ils recherchent pour l'instant une douzaine de personnes. Afin de justifier le qualificatif de la bande organisée, il se base sur le fait que les auteurs ont commis, selon lui, des actes préparatoires, c'est-à-dire qu'ils sont venus de manière coordonnée, qu'ils ont communiqué sur le trajet, et que plusieurs étaient porteurs de couteaux… Dans le même temps, il autorise en urgence les analyses ADN sur les couteaux saisis. Et les gendarmes commencent l'audition de plusieurs centaines de témoins traumatisés.

Lundi à 8 heures, Laurent de Caigny arrive au tribunal. Il franchit les murs gris et tristes, file le long du couloir venteux, grimpe par un escalier dérobé et gagne son vaste bureau moderne où s'entassent, comme chez tous les magistrats, des piles de dossiers de toutes les couleurs, chancelantes. La journée va être chargée. Elle commence par la réunion de parquet, puis le procureur est attendu à Montélimar dans une unité pour enfants victimes. Les messages concernant Crépol affluent, sur sa ligne directe, celle du bureau et sur le mail du tribunal. Un article du *Dauphiné* évoque l'hypothèse d'une attaque raciste anti-blanc. Saléra Benarbia, la journaliste, a rencontré de jeunes participants du bal dans la maison où ils se sont regroupés depuis la soirée. Les adolescents, traumatisés, en larmes, lui ont raconté à mots entrechoqués leur soirée de la veille. Deux affirment avoir entendu leurs agresseurs crier : « On est là pour planter des Blancs. »

La polémique, radioactive, est instantanée. Elle prend, enfle, s'étend, avec pour répercussion immédiate un appel du cabinet du garde des Sceaux, Éric Dupond-Moretti, qui vient aux nouvelles. Des précisions sur l'enquête sont demandées. C'est ce qu'on appelle, dans le jargon politico-médiatique, une remontée d'informations. Le procureur s'exécute : le ministre de la Justice est son supérieur hiérarchique. Évidemment, ce que veut savoir le ministère tourne autour de cette question du « racisme anti-blanc ». Or, en ce lundi matin, le procureur dit ne disposer d'aucun élément indiquant une telle circonstance aggravante. Le récit détaillé de la nuit, minute par minute, de 22 heures à 5 heures du matin, reste encore à faire – et plus d'un an après, malgré des centaines de témoignages, d'écoutes, d'analyses techniques et scientifiques, de nombreuses incertitudes perdurent.

Le ciel est plus couvert que la veille mais il fait encore beau à Valence, alors que commence à monter la pression pour Laurent de Caigny. Sur les réseaux sociaux, dans les émissions d'actualités de chaînes comme CNews, on réclame les noms et l'origine des auteurs présumés. Certains, déjà, ne se gênent pas pour affirmer qu'ils viennent tous du quartier de la Monnaie – ce qui est inexact, constate le procureur : trois au moins des suspects actuellement recherchés n'y vivent pas. En fin de matinée, il dialogue avec le colonel B., chef de la section de recherches, qui résume ainsi l'état de l'enquête : un groupe hostile aurait participé ou provoqué une rixe, certains étant originaires de la Monnaie, pas tous. Il ne semble pas y avoir de logique de territoire.

Le procureur aimerait aller plus vite. Dans les premières auditions, la description et le profil d'un des auteurs potentiels paraissent se dessiner : Chaïd, remarqué par de nombreux participants pour son comportement agité. L'un des quatre couteaux confisqués par le vigile lui appartenait. Aux yeux de Laurent de Caigny, le coupable est presque certainement identifié. Pour accélérer un peu le mouvement, il évoque devant le colonel l'hypothèse de saisir n'importe quel office central. Personne n'aime perdre une grosse affaire, la menace est donc claire : activez-vous.

En attendant, il prend la plume pour rédiger un nouveau communiqué de presse. Et le débat s'hystérise. Aujourd'hui encore, il se défend d'y avoir participé.

Le quartier

Quand on quitte l'autoroute par une bretelle qui traverse l'Isère et se dirige vers la ville de Romans, ramassée au-dessus de la petite rivière brune qui va bientôt se jeter dans le Rhône, juste avant d'atteindre Valence, la départementale devient avenue du Maquis au moment où apparaît le panneau La Monnaie. On est à 15 minutes à pied du centre-ville de Romans et de la place de la Mairie mais quand les gens du quartier s'y rendent, ils disent « Je vais à Romans ». À droite, se dresse un KFC. À gauche, des sapins masquent des petites barres d'immeubles défraîchis. Plus loin apparaît la mosquée Sounnah, l'une des deux que compte ce quartier de 3 000 habitants : une petite maison délabrée aux volets clos. Un magasin d'alimentation propose épicerie et boucherie halal. Au carrefour suivant, on parvient à une pompe à essence. Si l'on poursuit, on longe de hautes grilles blanches qui protègent l'immense parking désert de Wokogrill, un restaurant chinois qui affichait il y a peu des menus « all you can eat » avant de fermer définitivement ses portes, lassé de voir sa façade de tôle ondulée caillassée de projectiles lancés depuis le quartier. Les grands caractères chinois rouges tranchent encore, seule tache de couleur dans le paysage.

Par l'avenue Ninon Vallin, on débouche sur une petite place piétonne avec une pharmacie, une boulangerie, une épicerie, une boutique de matériel médical. La rue Vincent d'Indy est bordée de terrains vagues sur lesquels se dressaient, avant que le plan de rénovation urbaine ne les fasse s'écrouler, des immeubles HLM construits dans les années 1950 pour accueillir la population immigrée, d'abord des hommes d'origine algérienne venus travailler dans les usines qui étaient alors nombreuses… Ces constructions achevaient de se détériorer, pelant, imbibées d'eau, croulantes et décaties. Elles avaient parfois hébergé trois générations d'une même famille dans leurs appartements étroits. Il ne reste aujourd'hui que des pelouses rases, envahies de buissons secs et bordées de blocs de pierre pour empêcher les voitures de s'y garer ou les jeunes d'y faire des rodéos en deux roues. Un panneau indique le Pôle Emploi. En face, un autre espace, immense, laissé vacant après la démolition de ce que les habitants appelaient « la vieille Monnaie ». La végétation, ici, n'a pas pris. Le ciel gris de l'hiver se reflète dans les flaques boueuses.

On aperçoit, pour seul horizon, les immeubles de la Monnaie nouvelle, bâtis dans les années 1970 et guère en meilleur état.

Le boulevard Henri Dunant traverse la toute petite cité et aboutit place Hector Berlioz, où les jeunes passent les nuits dans leurs voitures garées, à fumer et à parler. Le cœur du quartier n'est composé que de quelques pâtés d'immeubles, d'une aire de jeux condamnée, sa balançoire cassée pendant mollement au centre. C'est tout, la Monnaie. Au-delà, commencent les pavillons.

3062 habitants y vivent. Les actifs représentent à peine 35 % ; comme dans tous les quartiers pauvres de France, la population est jeune, peu diplômée, massivement sans emploi. 98 % des familles y sont locataires, 50 % vivent sous le seuil de pauvreté (10 % à Paris, 20 % dans le quartier de la Goutte d'Or, 39 % sur l'ensemble des quartiers nord de Marseille, à titre de comparaison). La mixité sociale est inexistante. 30 % des foyers n'ont d'autre revenu que le RSA.

Sur la place Hector Berlioz, le marché qui se tenait tous les samedis est de plus en plus petit. Autrefois, on l'appelait « le marché arabe ». Prix raisonnables, petits producteurs, produits exotiques, vêtements, il y avait de tout. Un bâtiment abrite la médiathèque et la ludothèque, ouvertes quelques heures par semaine. Au fond du parking Berlioz, un immeuble neuf accueille la maison citoyenne

Noël Guichard, une association d'éducation populaire, qui fait face aux bâtiments abîmés où se réunissent à l'occasion les fidèles de l'église du Saint-Curé-d'Ars, des cathos de gauche, retraités, ayant pour la plupart vécu ou travaillé dans la cité et qui continuent de s'y investir. Derrière, les locaux des éducateurs de rue : il y a dix ans, ils étaient six. À présent, ils ne sont plus que deux, or la population, même si elle a baissé, n'a pas été divisée par trois. Les fenêtres de leurs bureaux, fissurées, sont obstruées de grandes planches de bois, des cafards gros comme le pouce s'y baladent sur les carreaux gris disjoints. L'hiver, il pleut à l'intérieur. L'été, c'est caniculaire.

C'est là que travaille Philippe, l'ancien à la brosse de cheveux acier et aux mains comme des battoirs. Avec lui, il y avait une éducatrice, à qui s'étaient attachées les adolescentes du quartier. Elle est partie et n'a pas été remplacée. Les jeunes filles ont tenté, en vain, de trouver son adresse mail ou son téléphone personnel. Elles ont fini par renoncer. À Philippe, en plus de sa présence au quotidien dans les rues, revient l'organisation des vacances d'été, des sorties éducatives à la rivière, à la mer, à la piscine. Il essaie d'être là quand tout est fermé, par exemple en août, ou entre Noël et le jour de l'an, quand les gamins, poussés hors des appartements trop petits, traînent, s'ennuient, et bricolent des conneries. Il dispose d'un minibus hors d'âge qui lui permet d'embarquer jusqu'à sept enfants et deux éducateurs. Son système, c'est le D. Quand un immeuble a été démoli, les éducateurs ont récupéré des meubles, ils les ont retapés avec les jeunes, et revendus. Avec cet argent, ils ont financé plusieurs sorties. Mais ça, c'était avant, lorsque son poste était financé par la Sauvegarde de l'enfance qui fonctionne sous un régime associatif, plus souple. Depuis, les éducateurs ont été rapatriés sur le budget de la mairie. Il parvient pourtant encore à s'arranger, tirant d'un côté pour border de l'autre, s'affranchissant de quelques règles au passage. Il a réussi à emmener les gosses en Belgique, à La Grande-Motte, aux sports d'hiver. Beaucoup de demandeurs, peu d'élus. Il doit les trier. Il privilégie ceux qui ne sont jamais partis en vacances, ceux qui n'ont jamais vu la mer et il lui arrive de rajouter quelques sous de sa poche quand il en manque. La large silhouette solitaire de Philippe qui patrouille dans les rues est une donnée essentielle du quartier. Il connaît tous les jeunes et tous le connaissent. Il a cette bonhomie silencieuse et solide, qui rassure. Il est philosophe, aussi, il sait que ce sont les mêmes qui participent à des activités tricot avec lui, patients et maladroits avec leurs aiguilles, et qui ont tout vandalisé pendant les émeutes suivant la mort de Nahel, ce gamin de 17 ans tué par un policier à Nanterre, en juin 2023. La prévention spécialisée est un travail de – très – longue haleine. Un jour, alors que les pompiers intervenaient,

Philippe discutant à leurs côtés, un petit est venu le tirer par la manche. « Philippe, Philippe, y a M. qui voudrait que tu te décales. » Des ados, cachés un peu plus loin, voulaient caillasser les pompiers mais hésitaient, de peur de le toucher lui. « Tu vas dire à M. que s'il lance une pierre, c'est moi qui vais aller le décaler. » Message passé. Pendant les violences urbaines qui ont éclaté sporadiquement durant les confinements et couvre-feux dus au Covid, Philippe a un jour attrapé le bras d'un gamin, l'empêchant de jeter une pierre sur un véhicule. Il est un messager entre deux mondes – il est blanc, c'est un ancien gendarme et un ancien policier municipal, mais il connaît les gamins de la cité, il les écoute, les comprend. Il ne cherche pas à leur plaire mais il les laisse venir. Quand ils ont besoin d'aide pour un CV, une recherche de stage ou d'apprentissage, il est là. Quand ils ont besoin de changer d'air, de dire ce qu'ils ont sur le cœur, il est là. Son autorité est absolue. Mais ils savent qu'il ne les trahira jamais. Quand la police municipale demande l'identité d'un caillasseur, il ne dit rien. Il les connaît comme s'il les avait faits et il sait que ce qui leur est inconnu génère de l'angoisse. Or tout, ou presque, à l'exception de leur quartier, leur est inconnu. La moindre sortie doit ainsi se préparer longtemps à l'avance, s'il ne veut pas que ça dégénère. D'ailleurs, ça dégénère, parfois. Les jeunes prennent mal les regards qu'ils sentent ou imaginent, selon les cas, peser sur eux. Ils surjouent en retour leur attitude de mauvais garçons. Ils sont menaçants de peur qu'on les trouve menaçants. Ils se conduisent mal de peur d'être exclus sans motif. L'univers leur paraît hostile. Ils témoignent une hostilité plus grande encore. Philippe est aussi l'allié de celles qu'il appelle « la brigade des mamans », toutes ces femmes qui tentent d'élever des enfants dans un quartier où la délinquance n'est pas une sortie de route mais presque un passage obligatoire. Force du groupe, force du stigmate qu'on choisit d'endosser plutôt que de subir. Elles l'appellent régulièrement : « Tu as vu mon fils ? Dis-lui de rentrer. » Il tente de leur donner des armes : « Toi, descends le chercher. » « Mais je lui dis quoi ? » demande une mère, effrayée par son propre enfant qui s'est métamorphosé en devenant adolescent. « Tu lui dis de rentrer et s'il veut pas, tu le claques », répond-il, bourru. Elles rient, embarrassées, hésitantes. Certaines le font. La plupart insistent : « Toi, fais-le. Moi je l'attends à la maison et je le ferai rester. » Il connaît moins les jeunes filles, car la mixité est rare, du moins dans l'espace public. Les adolescentes sont presque invisibles. L'été, on les voit en groupe sur la maigre pelouse, derrière la maison de quartier, qu'elles appellent « le parc ». Herbe miteuse même en début de saison, ombre chiche dispensée par quelques arbres, sur le trottoir devant, une marelle sans imagination.

Ce dimanche 19 novembre au matin, alors que les alertes et les notifications font vibrer les téléphones dans la cité, Kaïs, Chaïd, Ilyès et les autres dorment enfin et leurs parents ne se doutent encore de rien. Il fait grand beau et les rues sont pleines de gens venus profiter du soleil d'automne.

La presse

Le premier article paraît sur le site de France Bleu Drôme Ardèche, le dimanche matin, à 9 h 45, sous le titre : « Une rixe mortelle dans une fête de village à Crépol ». Toute la journée, au fur et à mesure que des informations se font jour, le contenu du papier est amendé et enrichi. Quelques minutes plus tard, France Bleu précise ainsi : « Selon les premiers éléments de l'enquête, une bande d'environ une dizaine de jeunes aurait tenté de rentrer dans cette soirée privée vers 1 h 30 du matin. Le vigile qui gardait l'entrée s'est opposé à leur venue dans l'établissement. S'en est suivi un violent affrontement entre les jeunes et l'homme, blessé à l'arme blanche. Plusieurs personnes présentes dans l'établissement à la soirée sont ensuite sorties, c'est à ce moment-là qu'une violente bagarre a éclaté. » Tout, ou presque, dans cet extrait, est faux – ou à peu près : le vigile n'a pas empêché les jeunes d'entrer, il s'agissait d'une soirée publique dont la publicité avait été faite sur différents supports, et l'affrontement a une autre cause. Mais c'est surtout le terme de « bagarre » employé ici qui va diviser les médias et déchirer la classe politique : selon qu'on est de droite ou de gauche, on ne dira bientôt plus que rixe ou attentat.

Pour comprendre, il faut en dire un peu plus sur le fonctionnement de la presse. Le journalisme parisien procède aujourd'hui comme n'importe quelle entreprise : univers aseptisé, flex desk et open space, on dépose ses affaires personnelles dans un casier, où l'on récupère mug, gourde, clavier et souris pour ensuite brancher son ordinateur à quelque place libre. La priorité est donnée au web : avant de vérifier l'info, on reprend d'abord les dépêches des grandes agences de presse que l'on publie sur son site internet.

Lorsqu'elles parviennent dans les back-offices des médias, les dépêches de l'Agence France-Presse peuvent être priorisées selon une échelle de grandeur. 1 pour les urgents et les « alertes » – le président de la République vient de parler, trois personnes en garde à vue dans telle affaire, douze départements du quart ouest placés en vigilance orange pour alerte crue –, 4 pour des articles déjà complets, que les journaux pourront reprendre tels quels sur leur site internet, en ne modifiant parfois que le titre ou le chapô. Le contenu reste donc le même partout, bien que la signature diffère très légèrement : « Le Monde avec AFP », « Par CNews avec AFP »… Ce travail est généralement celui des jeunes journalistes web, appelés des « deskeurs », qui travaillent sous la supervision de chefs d'édition et dont le rôle est de reprendre les contenus inondant le web et de changer leur titraille pour les faire coller à la page d'accueil du titre qui les emploie. Il arrive aussi que ce ne soit même pas un journaliste de la rédaction qui soit chargé de ces tâches. Tard le soir ou le week-end, plusieurs médias nationaux font appel à des sous-traitants qui emploient des jeunes mal payés et dont le travail consistera à « bâtonner » de la dépêche.

Dans l'affaire de Crépol, les journalistes, prudents, emploient pour l'instant le conditionnel, ou tournent leurs phrases à l'interrogatif : « Les habitants parlent d'un groupe venu du quartier de la Monnaie à Romans-sur-Isère. Que seraient venus faire ces jeunes dans le village ? Les coups portés au jeune décédé l'ont-ils été pour tuer ? » Vers 17 heures, les mots du procureur, Laurent de Caigny, sont repris par France Bleu : « Les premiers éléments recueillis peuvent laisser penser que l'expédition à Crépol a été programmée. » Il est fait dans la foulée mention de Thomas, la victime. Son club de rugby réagit sur Facebook pour honorer sa mémoire et demander une minute de silence. On donne aussi la parole à une témoin des faits, Martine, qui se montre affirmative : « Ils ont attendu la fin du bal et que les gens soient dehors. Puis, ils se sont mis à tuer des gens, voilà ce qu'il s'est passé. »

Le *Dauphiné*, lui, ouvre un direct sur son site internet dès 9h47 : « Vers 2 heures du matin, des individus venus de l'extérieur ont pénétré dans la salle. Ils ont agressé de nombreuses personnes à l'arme blanche pour un motif encore indéterminé. » Une témoin explique avoir cru à une « attaque terroriste ».

Les réactions politiques locales commencent. Martine Lagut, la maire de Crépol, s'exprime ainsi : « Je me sens déprimée car ce n'est pas normal qu'il se passe des choses comme ça dans nos petits villages ruraux. C'est un drame que nous vivons, notre village est bien affecté par cet évènement. C'est de la violence gratuite, ça a été très brutal et très violent. » À 11h07, elle apparaît à nouveau, dévastée, sur le direct du *Dauphiné* : « Une bande est venue pour tuer des gens (…) Ils n'étaient pas venus pour s'amuser mais pour faire du mal. Ce drame endeuille une famille. Ce sont des enfants de 16-17 ans des villages alentour qui étaient là. Quand je pense à eux… C'est terrible. » Elle a aussi cette expression, qui apparaît comme déplacée aujourd'hui, mais qui dit l'inquiétude d'une élue locale : « La commune et le comité des fêtes auront du mal à se remettre d'une chose pareille, surtout dans un village rural. Les gens ne pensent pas à ça… Mais on vit à une époque difficile. On a l'impression que les choses bon-enfant n'existent plus. Ce n'est pas possible d'aller tuer des gens gratuitement ! Quelqu'un de sensé ne peut pas raisonner comme ça ! Je me demande ce que ces personnes ont dans la tête. On a l'impression que ce sont des animaux sauvages. » Maires des communes voisines et députés dénoncent des faits abominables et offrent leur soutien aux victimes.

Au bar-tabac du village, le dimanche matin, les habitants s'agacent déjà de la prudence des journalistes et cette hostilité ira grandissante. Trois semaines après, et encore plus des mois plus tard, quand nous reviendrons sur place, nous allons nous heurter à des regards sombres, des consommations balancées à la volée, et des visages fermés. Les gens sont en colère. « Sur internet, c'est écrit une rixe ! Mais ce n'était pas une rixe, au bal, on ne voulait pas se battre ! » Des figures nationales reprennent presque mot pour mot le contenu de comptes X très influents d'extrême droite, comme Fdesouche, à l'audience considérable. Ces derniers ont évidemment perçu tout de suite le potentiel déflagrateur de l'événement. Dès le dimanche, à 18 h 36, Éric Ciotti, alors patron des Républicains, publie un premier message sur ses réseaux sociaux : « Thomas avait 16 ans. Il a été poignardé à mort par plusieurs individus. Victime de l'ensauvagement de la France. Non, Thomas n'était pas seulement là au mauvais endroit et au mauvais moment ! »

Les photos qui circulent alors en ligne ne sont pas celles de la salle des fêtes, cernée par les forces de l'ordre et inaccessible aux photographes, mais la petite église de Crépol qui se détache de la campagne environnante. Le message est clair, opposant une France rurale, chrétienne, éternelle, à une horde venue des cités. Elle renforce le récit de ceux qui dénoncent une lutte civilisationnelle. Les politiques le flairent et donnent le tempo de la séquence. Très vite, Éric Zemmour dit sa colère, Marion Maréchal évoque une « meute de barbares » et enjoint au gouvernement de réagir : « Pourquoi ce silence Gérald Darmanin ? » Nous ne sommes alors que quelques heures après la révélation des faits. L'injonction à s'exprimer est reprise partout. « Fous sont ceux qui refusent de voir les prémices d'une guerre civile ! », tweete l'ancien député européen du RN Gilbert Collard. « #LaRacailleTue », écrit Olivier Monteil, conseiller régional RN d'Occitanie. « Razzia barbaresque ? » lui demande un internaute. « Pas divulguée pour l'instant… », lui répond-il, avant de laisser à son interlocuteur le soin de « deviner » le profil des « tueurs ».

Dès la fin de l'après-midi du 19 novembre, on trouve des analyses d'internautes, en commentaires sous les articles, qui argumentent autour du lexique employé : « Le terme rixe sous-entend une confrontation bilatérale. Or *Sud-Ouest* cite un témoin : "une bande est venue tuer des gens". Le titre de *France Info* est donc incorrect journalistiquement parlant et minimise la portée de l'événement. » « L'information est présentée de façon trompeuse, lit-on ailleurs, en commentaire sous un tweet de BFM TV. Une rixe implique une violence partagée. » La rhétorique d'extrême droite est partout à l'œuvre.

Sur Facebook, l'US Beaurepaire Rugby, l'autre club local dans lequel jouait Jonathan, blessé au torse de deux coups de couteau et dont le pronostic vital a été un temps engagé, publie un message équivoque : « Cette barbarie n'a pas sa place sur le territoire français… » Les commentaires sont nombreux les jours suivants. Un membre de la famille de Jonathan dénonce « des individus qui avaient décidé de tuer pour le plaisir ». Sous les messages de condoléances, soudain : « Consultez la revue de presse de Fdesouche pour voir la réalité quotidienne de l'ensauvagement et du délitement de la France… » L'instrumentalisation politique, de toutes parts.

Au gouvernement, c'est la panique. Les ministres font d'abord profil bas, craignant d'être dépassés par le fait divers. Gérald Darmanin, le ministre de l'Intérieur, est le premier à embrayer. Le lendemain, lundi, sur le plateau de « C à vous » sur France 5, il dénonce à son tour un « ensauvagement », et propose un nouveau récit : « Il y a eu une fête dans un village, et des gens qui viennent d'ailleurs de ce village, ont voulu forcer l'entrée de cette fête et des coups de couteau sont partis. Donc ça s'appelle l'ensauvagement. »

Le mercredi 22 novembre, lors de la séance de questions au gouvernement à l'Assemblée nationale, Anne Ventalon (LR) s'alarme : « Nous ne comprenons plus ce qui arrive à notre pays, brutalisé jusque dans ses territoires qui paraissaient les plus épargnés. Les habitants de la ruralité, qui ne bénéficient pas des commodités de la vie citadine, en subissent à présent les dérives les plus tragiques. Aux agressions contre les élus vient désormais s'ajouter l'attaque criminelle d'un bal de village. »

Bernard Buis, le sénateur de la Drôme (majorité présidentielle), évoque des actes criminels qui « semblent prémédités et réalisés en bande organisée ». Emmanuelle Anthoine, alors députée LR de la Drôme, accrédite l'idée qu'« une bande de jeunes a fait irruption dans un moment festif, pour en découdre ». Lisette Pollet (RN) parle d'ensauvagement, d'« équipée sauvage » qu'on « ne peut qualifier de simple rixe ». L'élue évoque, comme Marine Le Pen, une « razzia » commise par « des racailles » et relaye aussitôt sa question au gouvernement sur X et TikTok. La droite poursuit sur la même tonalité sur les plateaux de télévision. Sur BFM TV, Tugdual Denis, le directeur adjoint de *Valeurs actuelles*, dénonce un concours d'hypocrisie sémantique et relève que contrairement au procureur, la porte-parole de la gendarmerie nationale refuse d'employer le mot « rixe ». Ce qui est exact, elle a dit : « Ce n'est pas ça, une rixe. » Au même moment, un bandeau défile sous les yeux des téléspectateurs : « Le RN joue-t-il avec la peur ? »

CNews matraque l'information pendant des heures. Geoffroy Lejeune, le nouveau directeur du *JDD*, évoque un raid « organisé depuis des cités, depuis une ville franchement, objectivement colonisée (…) Romans-sur-Isère, c'est vraiment plus la France (…) C'est ça qui est au cœur du problème. C'est un petit village, sans histoire, qui fait sa petite fête. Et il y a des gens qui veulent venir dire : on est chez nous ici (…) Moi ce qui m'a scandalisé, c'est la manière dont on a essayé de ne pas le dire. Vous avez une dépêche AFP qui commence par vous dire que c'est une rixe, c'est-à-dire un affrontement entre bandes. Non, c'est des gens qui se défendent comme ils peuvent face à des gens qui ont des couteaux (…) Ensuite, l'AFP vous explique que des trouble-fête sont venus troubler la fête. Pardon, excusez-moi, c'est une attaque qui est plus proche du terrorisme que de troubler la fête (…) Le ministère de l'Intérieur et les forces de l'ordre ont interdiction de communiquer sur l'identité (…) Je veux connaître ces prénoms. La raison pour laquelle on nous le dit pas, c'est qu'on ne veut pas qu'on tire les conclusions qu'on devrait tirer. On a l'évidence sous les yeux, et on nous empêche de comprendre. »

Laurent de Caigny, sous la pression de révéler les prénoms des suspects, résiste. « Je ne suis pas là pour juger la francité des patronymes. Je ne mets jamais, dans mes communiqués de presse, d'éléments d'identité sur les suspects. Je ne vais pas commencer maintenant. » À Beauvau, le débat fait rage. Doit-on donner les noms, au risque d'être taxé de faire le jeu de l'extrême droite, ou ne rien dire, et être accusé de dissimuler la vérité ? Le cabinet du ministre fera finalement le choix de les taire. « Les forces de l'ordre étant ce qu'elles sont », le pouvoir se doutait qu'il y aurait des fuites, nous confie un conseiller.

Mathieu Bock-Côté, le très conservateur éditorialiste québécois de CNews, va encore plus loin. Décrivant les faits, il cite une « bande de jeunes » – il mime les guillemets avec les doigts – « venus de HLM qui n'étaient pas très loin. Donc autrement dit des gens qui profitent du financement public de la France (...) On pourrait dire à certains égards que ceux qui se sont fait agresser finançaient leurs agresseurs. Gardons ça à l'esprit, ça fait partie du calcul ». Le chroniqueur parle ensuite lui aussi d'une « agressivité territoriale profonde » et prophétise : « La tentation de l'autodéfense va se développer dans ce pays (...) J'ai souvent entendu ça chez des gens qui étaient des pacifiques de tempérament ces derniers temps : je regrette de ne pas être armé, de ne pas savoir me défendre. » Il conclut : « Les voyous, les bandes de voyous vont entrer dans les maisons. D'ici cinq à dix ans. Plus personne ne sera à l'abri. Même derrière une porte fermée à clé. » C'est un « changement culturel profond imposé par ces bandes », lance-t-il.

Un ancien journaliste de CNews nous raconte comment se déroulent les choses à la chaîne : « À la rédaction, on n'empêche pas les journalistes de faire leur boulot. Parfois, d'ailleurs, ça va dans le sens de ce que cherche la direction. Mais ils s'en moquent, puisque de toute façon, des éditorialistes sont là, en permanence sur les plateaux, pour donner le ton. L'information n'est rien, c'est le commentaire qui prime. » Il n'y a pas de consigne clairement exprimée, mais les rédacteurs en chef savent ce qui intéresse la maison – et le public. Les féminicides, par exemple, nous dit-on, « ce n'est pas leur came ». Sauf, bien sûr, quand ils sont commis par un étranger sous le coup d'une obligation de quitter le territoire. Les faits de société sont prisés, surtout la délinquance urbaine, l'ultra-violence. Tout est passé au crible d'une certaine grille de lecture. « À l'instant où on a entendu que des jeunes auraient dit "on va se faire des Blancs", on a su que c'était du matériel pour la chaîne. » Le lundi 20 novembre, sur CNews, 9 h 30, on se lâche en plateau : « Ça ressemble un peu aux modalités d'un attentat, là. » À 12 h 10, Sonia Mabrouk tire un premier enseignement de l'affaire – « On n'est à l'abri nulle part » – sur lequel rebondit son invitée, Judith Waintraub, grand reporter au *Figaro Magazine* : « Le phénomène de dispersion des populations immigrées ne cesse de s'accentuer. » Le lien est fait entre violence et population immigrée. L'enquête est encore en cours, tempère Mabrouk. Laurence Ferrari, elle, se montre très affirmative et évoque une « expédition punitive bien préparée ». Chacun croit savoir ce qui intéresse le patron, Vincent Bolloré : « Il n'en a rien à foutre des faits, il est là pour faire de l'idéologie », nous a-t-on affirmé. Les journalistes auront beau, parfois, jusque sur le plateau, porter la contradiction, tenter de rétablir la vérité, ou d'équilibrer le discours, c'est peine perdue. Ils ne sont pas audibles. Mediapart a recensé les différentes interventions télévisuelles de la chaîne et s'est procuré des boucles de mails et d'échanges WhatsApp internes, qui démontrent l'emballement des chroniqueurs en plateau quand les journalistes spécialisés en police/justice appellent à tempérer le propos : « Attention, les motivations des individus hostiles ne sont pas encore identifiées ou confirmées par le parquet. Veillez à bien faire attention aux propos des invités (…) La motivation "planter des Blancs" provient de témoignages. Rien n'est confirmé. Il faut prendre des précautions », lit-on ainsi. Mais le 21 novembre, ces conseils ne sont que mollement suivis. L'essayiste Sabrina Medjebeur parle d'un « attentat ». Elle poursuit : « Abomination de barbares qui sont venus tuer ce jeune homme et certainement d'autres, parce qu'ils l'ont professé : "Nous sommes là pour tuer." Il y a certains sites qui parlent de "tuer des Blancs", mais on reste quand même très prudents sur le qualificatif employé. » « Oui, l'enquête n'a pas démontré cela », interrompt Laurence Ferrari. Les journalistes spécialisés ont beau rappeler, en interne, que la préméditation, c'est-à-dire l'assassinat, n'est pour le moment pas retenue par le procureur, les présentateurs de CNews ont une ligne éditoriale à tenir. Le 24, l'animateur vedette Pascal Praud ne retient pas ses larmes devant un reportage qui montre les obsèques de Thomas. L'idéologie est plus forte que tout. Et la petite musique de la chaîne se diffuse, toujours plus profondément.

En deux jours à peine, le gouvernement est dépassé. CNews explose ses records d'audience et devance pour la première fois BFM TV le mois suivant. *Le Figaro* fait également d'excellents scores sur son site internet. Faut-il aller dans le sens de Darmanin pour garder le contrôle de l'opinion, ou au contraire, faire redescendre la température ? Des ministres résistent un temps, refusant la tentation du populisme. Olivier Véran, porte-parole du gouvernement, en conférence de presse, ne veut pas parler d'ensauvagement. « Est-ce que [le drame de Crépol] reflète ce qu'est devenue la société française aujourd'hui ? Je suis peut-être un optimiste, mais je considère que notre société est plus solide que cela. » À l'Assemblée nationale, Élisabeth Borne, la cheffe du gouvernement, tente d'apaiser : « Aujourd'hui, l'heure est à l'enquête et au recueillement. Ce moment appelle à la retenue et à la décence (...) Utiliser ce drame pour jouer avec les peurs, c'est manquer de dignité et de respect envers les victimes. »

Éric Dupond-Moretti, le garde des Sceaux, promet la justice : « Les auteurs de ces faits seront jugés par une cour d'assises, composée d'un jury populaire, comme c'est l'usage pour tous les crimes de sang ! Ce sont des Français comme vous, comme moi, qui rendront la justice, une justice qui n'est pas laxiste, qui est de plus en plus sévère, depuis vingt ans ! »

Certains voient dans Crépol la confirmation de leurs opinions : pour eux, c'est une preuve de plus du grand remplacement, cette idée venue de l'extrême droite mais largement entrée dans le champ sémantique d'une droite plus modérée et dite républicaine. Même la campagne n'est plus à l'abri. Dans *Philosophie Magazine*, Michel Eltchaninoff tente une explication : « La ville, dans ce qu'elle a de plus chaotique et malfaisant (misère, délinquance, trafic de drogue, criminalité...) attaque la campagne. Dans notre imaginaire, c'est l'essence de la France, vieille nation paysanne, qui se trouve ainsi menacée. Ce fantasme charrie une antinomie éthique entre la pureté de la vie rurale et la supposée perversion citadine. »

Quels qu'ils soient, les récits des médias opposent ainsi deux France, prétendument irréconciliables, les inventant alors même qu'ils les nomment : cité contre campagne, population blanche contre racisée, jeunesse contre jeunesse. Chacun ne voit, dans les faits, que ce qui confirme sa vision du monde.

Après le drame

Dans l'après-midi du dimanche 19 novembre, au lendemain du drame, des habitants du village et des proches de Thomas se rendent à la cellule psychologique mise en place à la mairie de Crépol. Les professionnels de Remaid, le service départemental d'aide aux victimes de la Drôme, les y attendent pour écouter leur récit. L'un d'eux décrira plus tard, auprès de la gendarmerie, l'« état de panique énorme » de jeunes gens qui ont cru leur dernière heure arrivée. Plusieurs racontent que, le soir du bal, ils ont tout de suite pensé à un attentat, un « Bataclan bis ». À la peur se mêle de la colère, surtout chez les amis de Thomas. Aux psychologues et bénévoles de l'association, ils détaillent des scènes apocalyptiques. Certains disent avoir dû tenir les portes de secours pour empêcher les agresseurs d'entrer. Ils décrivent des filles faisant des malaises, du sang éclaboussant les murs, un jeune homme en pleine crise d'angoisse se frappant la tête.

Ils ont craint un « carnage à l'aveugle ». Un adolescent assure avoir vu les assaillants cagoulés – il est le seul à rapporter ce détail, sans doute davantage issu d'un imaginaire né de l'actualité que de sa propre expérience. Mais surtout, plusieurs déclarent vouloir se venger. Ils veulent « casser la gueule aux autres », leur « faire subir », rendre la peur et la douleur. Quant à ceux parmi les parents qui ont accompagné leur enfant à la cellule de crise, certains expriment une « haine envers les personnes musulmanes, une haine raciale », relate le même témoin.

C'est aussi ici, aux abords de la cellule psychologique, que les jeunes ont pu discuter entre eux de ce qu'ils avaient vécu. Ceux qui sont partis avant la bagarre, ceux qui n'ont rien vu car ils étaient confinés dans la salle, ceux qui se sont battus dehors, ceux qui avaient trop bu et ceux à qui rien n'a échappé, ceux qui connaissaient des auteurs et ceux qui connaissaient des victimes, tous, ils partagent et comparent leurs informations, les recoupent, les enrichissent. L'échange continue en ligne, incessant, sur les différents canaux utilisés par la jeunesse. Des vidéos circulent, et des photos. Certains s'improvisent enquêteurs et traquent, en ligne, les profils des auteurs supposés. La plupart n'ont pas encore été entendus par la gendarmerie, occupée à retrouver leur trace à tous. Lorsqu'ils le seront, ils ne raconteront plus seulement leur propre expérience, mais ils se feront porteurs d'un récit collectif et relaieront les propos de leurs camarades. La cellule psychologique se révélera ainsi comme le lieu de fabrication de toutes les mythologies sur la soirée du 18. Beaucoup de témoignages devant les gendarmes, les jours suivants, commenceront par ces mots : « On m'a dit… » « J'ai appris… » « Il paraît… »

C'est le cas de la phrase qui va donner du grain à moudre à la droite dure et mettre la France en ébullition : « Il m'a été rapporté que les agresseurs ont tenu des propos du genre "Les Blancs on va vous tuer !" ou "Les Blancs on vient là pour vous tuer" », diront certains aux gendarmes. Beaucoup de mentions, mais combien de témoins directs ? Parmi les plus de cinq cents auditions, les gendarmes devront trier pour retrouver, ou pas, les véritables témoins d'une telle menace.

« Quand ça a commencé à partir en vrille, ils ont dit : "On est venus ici pour planter des Blancs" », assure ainsi Kenny, 17 ans. Il précise que tous les assaillants étaient maghrébins. « C'était une boucherie, comme un attentat, y avait du sang partout, dit-il. Durant la soirée, ces mecs étaient autour des gens et ils regardaient. Je pense qu'ils sont venus pour tuer et ils ont repéré des gens dans la soirée. Ils ont chauffé des gars durant toute la soirée. » Noah, 17 ans, lui aussi, abonde : « J'ai entendu des paroles comme : "On est là pour tuer des Blancs."

J'ai vu des barrières métalliques qui ont été lancées en notre direction. Je me suis dirigé vers un ami qui était au sol pour l'aider et j'ai senti une douleur au niveau de l'épaule gauche. En me retournant j'ai vu une pierre au sol et j'ai compris que c'était avec cette pierre qu'un individu venait de me frapper. » Augustin, 19 ans, a vécu la même scène. Il est en train de fumer une clope quand on le prévient que c'est la dernière chanson à l'intérieur. Il voit alors un groupe de « racailles » qui sort de la salle. Des crachats jaillissent dans les deux sens. « J'ai entendu l'un d'eux dire : "On va vous crever les petits Blancs." » Augustin s'enfonce dans la bagarre, frappe et prend des coups aussi, au corps, au menton, il perd un bout de dent. Un vigile le tire en arrière. « Pour moi, ils sont venus pour se battre et pour tuer. Ils ont planté des mecs dans le dos, ce n'était pas de la défense. » Louann, 21 ans, n'a rien vu de ce qui s'est passé, elle, mais a entendu parler de cette histoire de « tuer du Blanc » et en a tiré ses conclusions : « Pour moi, ce n'est pas une bagarre qui a dégénéré ou un règlement de comptes. Pour moi, c'est un attentat ce qui s'est passé. Quand ils disent : "On est là pour tuer du Blanc", qu'on a un enfant de 16 ans décédé, et deux ou trois personnes dans un état grave à l'hôpital, ce n'est pas un règlement de comptes. » Elle désigne un groupe avec un « comportement bizarre » : « Ils regardaient un peu de haut, ils ne buvaient pas, ils ne dansaient pas. Le but d'un bal, ce n'est pas de rester dans un coin ou de faire le tour des personnes en regardant de haut. Ils ne faisaient aucune activité du bal. » Toujours le même témoignage de Léandre, qui confesse avoir bu une vingtaine de bières, mais qui assure qu'il n'était « pas ivre au point de ne plus marcher droit ». Il est certain que l'attaque était « organisée ». Il dit avoir participé à la bagarre et avoir balancé une barrière sur les jeunes. Il affirme en avoir touché un qui, au moment de se relever, a dit en criant : « De toute façon, on est ici pour tuer des Blancs. »

Alexis, tout juste majeur, est certain d'avoir reconnu quatre agresseurs avec qui il prend le bus pour aller au centre de formation des apprentis de Livron, qu'ils sont nombreux à fréquenter. Il pense avoir assisté, lors de la soirée, à des scènes de « repérage » lors desquelles ceux de la Monnaie faisaient le tour de la salle et du bar. « Je me trouvais à la porte d'entrée principale de la salle des fêtes. Alors que j'allais rentrer, je me suis retourné. Thomas Perotto, sur ma droite, a fait de même. Il s'est pris deux coups de couteau, très rapidement. (…) D'autres jeunes sont arrivés qui étaient des amis à nous du rugby et d'autres qu'on a déjà vus. (…) L'auteur des coups de couteau a reculé. Il s'est mis derrière trois Maghrébins qui me semblaient plus âgés que lui, qui se sont mis devant moi. D'autres individus qui étaient derrière ont prononcé la phrase suivante : “On est là pour planter des Blancs et tuer des Français” (…) Ces jeunes Maghrébins avaient la rage dans les yeux, c’était impressionnant. J’ai reculé dans le sas. » Nicolas, 17 ans, assure pour sa part avoir mis en sécurité trois ou quatre filles derrière le bar. « Au moment de la bagarre, alors que je me trouvais dans le sas, j’ai entendu quelqu’un prononcer une phrase telle que “on est là pour tuer des petits Blancs”. Ce ne sont pas forcément les termes exacts mais en gros c’est ce que cela voulait dire. Je pense qu’ils étaient vraiment là pour ça et pour en tuer plusieurs. » Erwan, 18 ans, jure avoir entendu le même type de propos. Depuis l’endroit où il se trouvait, il voyait tout ce qui se passait dehors, notamment les coups de couteau portés à Thomas, sans pouvoir reconnaître formellement l’agresseur.

Adrien, 17 ans, sortait tout juste de la salle, où il avait oublié son pull, quand la bagarre a éclaté. « J’ai entendu à plusieurs reprises crier : “On va tuer du Blanc, on va tuer du Blanc.” Je pense qu’il y avait plusieurs individus qui criaient cette phrase. Je pense vraiment que ces gens étaient venus pour tuer. » Tristan, du même âge, dit quant à lui avoir été menacé : « On va t’avoir petit Blanc », « cours vite, on va te niquer ta mère ». Joana, qui n’a pas trop prêté attention à la bagarre – n’y en a-t-il pas souvent dans les bals ? –, confie aux gendarmes : « Je ne sais pas si c’est important, mais dans la bagarre, j'ai entendu : "On est là pour tuer du Français". » Marceau, 20 ans, fait le même récit. « Ils disaient : "Sales Français de merde", "on va vous tuer". » Des qualificatifs susceptibles, à leurs yeux, de constituer le mobile du crime.

La phrase, qui circule partout sur les réseaux sociaux depuis qu'elle a été citée par la journaliste du *Dauphiné*, n'a pas été inventée. Dans un PV daté du 21 novembre, les gendarmes de Grenoble expliquent avoir passé internet au peigne fin à la recherche d'éventuels témoins des faits ou de personnes qui y auraient participé et dont l'identité aurait fuité. Ils constatent l'écho que le fait divers provoque sur leur territoire et sur la scène nationale. La fameuse phrase est « reprise de nombreuses fois afin d'alimenter le climat d'insécurité, s'inquiètent les gendarmes. De nombreux internautes s'indignent de la violence des faits et transposent la mort de Thomas à leur propre enfant ». Les gens s'identifient, écrivent dans les commentaires que ce pourrait être leur fils à la place de Thomas et clament autant leur colère que leurs condoléances à ces gens qu'ils ne connaissent pas. Les forces de l'ordre s'alarment d'une « reprise massive » des reportages réalisés par BFM, CNews, TF1, qui nourrit encore plus ce climat de peur, de défiance et de colère.

Devant les enquêteurs qui les interrogent, les jeunes de Crépol et des communes alentour ne cachent pas leur incompréhension d'avoir vu débouler, dans leur bal, des habitants de la Monnaie. « Je n'avais jamais vu ces jeunes auparavant, plutôt vêtus en survêtement, j'ai entendu des mots comme *walla wesh*, des mots du quartier d'origine méditerranéenne », dira Manon, membre du comité des fêtes. Un petit groupe de femmes d'une trentaine d'années, sorties entre copines après un dîner de couples, a aussi remarqué les adolescents. C'est l'une d'elles, enseignante, qui les a taquinés sur leur tenue et, notamment, les casquettes qu'ils n'ont pas quittées. De leur arrivée, vers minuit, jusqu'à la fin de la soirée, aucune des trois femmes n'a constaté d'embrouilles. Pierre-Emmanuel, un père présent à la soirée et qui, sur Facebook, ne cache pas ses opinions politiques très à droite, garde tout du long à l'œil la « bande de loustics ». « Pas provocants au début (...) Ils ont commencé à être un peu entreprenants dans leurs danses, notamment avec les filles. Comme une bande de garçons mal élevés, mais sans agression », relate-t-il.

Mais l'alcool fait son œuvre, les esprits s'échauffent, des petites altercations verbales éclatent. Les fêtards ont le sentiment que les jeunes de la Monnaie « cherchent la merde ». « Les gars allaient sur la piste et ils mettaient des petits coups de tête aux gens, ou ils les bousculaient. Ils cherchaient le contact, et un peu la provocation », assure Kevin. Ils sont une dizaine à « rester entre eux », décrit

John. « De temps en temps, quand il y avait une musique d'Arabe, ils étaient là à s'amuser. Quand il y avait des pogos, quand les gens se rassemblaient d'un coup, ils en profitaient pour sauter sur les autres et donner des coups, surtout de coude en prenant de l'élan. De temps en temps, ils allaient parler à des meufs, mais sinon globalement ils restaient entre eux. Ils savent que personne ne les aime. Ils savent que venir dans une petite fête de village comme ça, ça fout la merde. Ils nous cherchent les problèmes pour qu'on monte en tension. » Devant les gendarmes, les théories les plus fantaisistes ne sont pas partagées mais sur Snapchat, les imaginations s'enflamment : « Askip (à ce qu'il paraît), c'est des darons qui ont envoyé leurs gamins dans le bal et les darons sont restés derrière les voitures et attendu que ça sorte. »

« Ils savent que personne ne les aime. » « Une musique d'Arabe. » « Des loustics. » « Des Arabes », « des Maghrébins », « typés », « pas comme nous »... La petite tonalité de la discrimination et de l'exclusion est bien là, plus ou moins sourde selon les témoignages. Avant la bagarre, les garçons de la Monnaie, qui fréquentent pour la plupart, on le répète, les mêmes établissements que ceux de Crépol, qui ont le même âge, qui vivent à une vingtaine de minutes, n'étaient pas les bienvenus et auraient apparemment dû le savoir. Le fait qu'ils soient venus malgré tout paraît, aux yeux de tous, la preuve qu'ils cherchaient les ennuis. « C'est parti en vrille car tout le monde savait qu'il y allait avoir une bagarre, dit Yanis. Y avait un groupe de jeunes d'origine maghrébine, qu'on ne connaissait pas, qui étaient adossés au mur et ils attendaient la fin de soirée. Ils étaient une vingtaine (...) Ils attendaient la fin pour taper et faire du mal. » Mathis, qui vient d'avoir 16 ans, a une explication sur la genèse de l'histoire : « Apparemment ça serait en raison du fait que Crépol est un village réputé raciste. Mais je n'en sais pas plus. »

Un peu plus tôt, Youenn, le videur, qui terminera la nuit avec quatre tendons sectionnés à la main, subira une série d'opérations et des mois d'arrêt de travail qui l'empêchent aujourd'hui encore de reprendre sa vie de conducteur de poids lourds, était pourtant allé prendre la température auprès des jeunes de la cité : « J'ai discuté un peu avec eux. Je demande si tout va bien et l'un d'entre eux est venu me parler me disant "c'est pas parce qu'on est de la Monnaie qu'on veut foutre la merde. On veut pas d'histoires, on veut passer notre soirée tranquille". Ce n'est pas mot pour mot mais en gros c'est ce qu'il m'a dit. »

Patrick Crozat, professeur émérite de géographie, et spécialiste des bals, le formule ainsi : « La fête, c'est plus de liberté, mais s'y révèle aussi un processus d'évitement (...) Je sais que je serai mal admis, car il y aura des racistes, alors je n'y vais pas. Ou alors, j'y vais mais pour défier. Puisque c'est injuste, alors je veux y être. On ne se sent pas à sa place, donc on s'impose. On a l'impression que les gens nous épient, donc on en rajoute. On parle plus fort, on s'agite… On est attentif au moindre regard. À l'inverse, ceux qui sont en face vont avoir tendance à "confiner" les "exclus" dans un espace et, si ça ne va pas, à tout faire pour les "expulser". Ce qui peut engendrer une surréaction face à l'échec de ses efforts. »

C'est bien le tableau qui émerge des récits fragmentés des villageois. Et si la plupart des participants du bal n'ont sans doute accordé qu'un regard distrait aux nouveaux arrivants, il en est une poignée pour qui ces jeunes d'origine maghrébine, en jogging et casquette, n'étaient pas les bienvenus. Et qui ne s'en cachaient pas. « Nous on se connaissait tous sauf eux. Les bals de campagne on se connaît tous. » « Moi, je suis de la campagne et voilà, on aime pas trop les racailles. » « Quand on les a vus arriver, je me suis dit qu'ils ne venaient pas là que pour boire une bière, ça se sentait qu'ils voulaient mettre le désordre. » « Nous n'avons jamais eu de personnes comme eux dans nos bals, nous savions que ça allait se battre. » « Un ami m'a dit "J'ai envie de taper des bougnoules". » « Un groupe de personnes était au niveau du petit chemin qui donne sur la place des écoles. C'était des Maghrébins, c'est rare de voir ce genre de personnes à Crépol, c'est pour ça que ça m'a marqué. »

La violence n'est pourtant pas exceptionnelle dans les bals. Quand l'affrontement a commencé, nombre de filles se sont même éloignées, lasses, indifférentes : ça se bat encore, un truc de gars qui se chauffent la tête… Les fêtes se terminent souvent comme ça. Parfois même à coups de chaînes de vélo. Ces dérapages sont l'apanage des hommes. Mais c'est l'ampleur qui surprend ici.

« Les rats »

Fabien a 21 ans, il travaille comme agent de maintenance. Il est né dans la vallée de l'Herbasse et a une dent contre la cité de la Monnaie. Cet amateur de moto nous raconte qu'il s'en est fait voler deux, dont une sous ses yeux alors qu'il mangeait un burger au McDonald's qui jouxte le quartier. L'engin étant équipé d'un traceur GPS, il a pu suivre son trajet. À 22 h 30, il entrait seul dans la Monnaie et reconnaissait sa moto pilotée par deux jeunes cagoulés. Tout autour, un groupe l'observait, narquois. Impuissant, Fabien est revenu tous les soirs pendant plusieurs jours. Il a réclamé de l'aide au commissariat et à la police municipale, qui se sont avoués impuissants. Il s'est acharné, énervé, a menacé d'y retourner armé. Les agents l'ont presque approuvé : ça les calmerait, mais nous, on ne peut pas le faire, lui ont-ils dit en substance selon son récit. Un fonctionnaire lui aurait même mis la main sur l'épaule : « Si un jour quelque chose bouge, ce sera grâce à des gens comme vous. »

Le soir du bal, Fabien arrive avec quelques amis, tard, car ils ont d'abord essayé d'aller en boîte de nuit à Chavannes, où ils ont été refoulés. À Crépol, l'ami de Fabien doit remettre au videur l'opinel qui est dans sa banane, tout comme Chaïd avant lui, ainsi qu'une bombe au poivre. Fabien, lui, a un flashball dans sa voiture. Il nous raconte que dès l'entrée dans la grande salle, il repère ceux qu'il appelle « les rats », à gauche, avec leur casquette sur la tête. C'est une heure avant le drame. « Les Arabes tournent en rond. » Avec deux camarades, il s'installe face à eux, bras croisés, provoquant des duels de regards. Pour qu'ils ne se sentent pas comme chez eux. Pour qu'ils sachent qu'« on les tient à l'œil ».

Plus tard, Fabien et ses amis sortent fumer une cigarette. Ils assistent à l'altercation entre la jeune fille qui pleure et Chaïd qui veut la draguer. Ils voient deux rugbymen costauds sortir à leur tour de la salle. « Barrez-vous les Arabes », lancent-ils au petit groupe. Dans son récit, Fabien est toujours là, prêt à intervenir, mais ne fait rien. Il aperçoit Chaïd qui prend son téléphone et fait un vocal sur Snap : « Ramenez du monde, les gars de la Monnaie. » Comme s'il appelait le quartier à la rescousse. Fabien s'en va une demi-heure après cette scène. En quittant Crépol, il croise une voiture qui arrive à grande vitesse, mais n'y prête pas attention. Quelques jours après les faits, il organisera à Valence un rassemblement de motards en mémoire de Thomas. Drapeaux français, *Marseillaise* et *Strasbourgeoise* entonnées à tue-tête.

Youenn, le vigile, raconte que les jeunes du quartier sont arrivés par petits groupes, pas tous à la fois. Mais il ne l'analyse pas comme le feront les gendarmes. « Ils ont l'habitude, ils se font tellement jeter de partout. C'est le genre de groupe qui n'est pas facilement accepté, dans les bals ou les soirées. Donc ils essaient de ne pas arriver en bande. » L'un demande, à l'entrée, si sa tenue – un jogging – pose un problème. Plus tard dans la soirée, Youenn doit toutefois les prier de calmer l'un des leurs, Mathys, connu sous le surnom de Karlouche, qui veut dire Noir en arabe. Il est plus excité que les autres. Ils obtempèrent. « Tout le monde est alcoolisé dans la salle. Pour certains ça se voyait plus que d'autres. Mais ce n'était pas que ce groupe, toute la salle était alcoolisée. »

Pourquoi les jeunes de la Monnaie ont-ils choisi cette soirée où ils ne connaissaient personne, se demandent gendarmes, témoins, et commentateurs. En réalité, ils connaissaient, au moins de vue, et parfois plus, plusieurs participants, dont des condisciples qui les avaient informés de la tenue de l'événement. Diego, qui travaille au McDo de Romans, est un de leurs amis. Dans la soirée, il envoie un vocal à Nassir, qui était dans la même classe que lui en dernière année de CAP de maintenance en bâtiment au lycée Bouvet : « Viens viens, c'est bon ! » Nassir a 17 ans. Il vit avec ses deux petits frères, sa mère, Mebarka, qui est femme de ménage, et son père sans emploi. Il est déjà connu de la police après qu'un de ses professeurs s'est plaint de lui et de deux de ses camarades. Ils auraient menacé de tuer ses deux chiens et de cambrioler sa résidence. Pour se rendre à Crépol, Nassir a besoin d'une voiture et de copains. Il rameute ainsi Chaïd et Fayçal, qui traînaient du côté de Valence. Mathys est mis au courant lui aussi. À 20 ans, il a déjà un petit CV judiciaire : condamné à 140 heures de travaux d'intérêt général, il a été également mis en cause pour avoir tenté de payer avec de faux billets, pour usage de drogue (lors d'un contrôle, il avait sur lui du cannabis et un couteau, dont il dit : « J'ai toujours un couteau sur moi. Je m'en sers uniquement en bien. C'est-à-dire pour couper des aliments. Le reste du temps, il est dans ma sacoche et il dort »), pour recel de vol, conduite sous l'emprise de stupéfiants, rodéo sauvage, il est également visé par une plainte de la mairie pour dégradation de biens. Il est aussi mentionné comme victime dans une affaire de violences sur mineur. Légèrement handicapé – c'est lui que le videur, Youenn, avait remarqué pour son comportement agité –, il a travaillé à la pizzeria Corleone en tant que livreur pendant cinq mois. Il racontera aux enquêteurs qu'il n'était jamais allé dans un bal, mais que « les grands du quartier nous avaient déjà parlé des bals, en bien et en mal, en nous disant qu'il ne fallait pas se louper avec les gens qui étaient dans les bals et que l'on pouvait choper des meufs. En gros, il ne fallait pas se mélanger aux autres car il y avait toujours des bagarres dans les soirées. Il y a des soirées où ça finit bien mais c'est plus rare ».

Le bal de Crépol n'aura pas été de celles-là.

Un PV oublié

Le 23 novembre 2023, soit cinq jours après les faits, une adjudante de gendarmerie, analyste criminelle opérationnelle, va rédiger un procès-verbal susceptible de mettre le feu aux poudres. Intitulé « Éléments constitutifs de circonstances aggravantes », il conclut à ce que toute l'extrême droite clame sur les réseaux sociaux et dans les médias : « Les auteurs des faits pourraient être venus au bal de Crépol afin de tuer des personnes de couleur blanche. »

Cette analyse ne s'appuie que sur l'audition des victimes et témoins présents à la fête – puisque les auteurs n'ont pas encore été entendus. Pour la gendarmerie, il ressort de ces témoignages que les gestes portés par les jeunes possédant un couteau « n'auraient pas eu pour but de se protéger mais de tuer ». « L'altercation pourrait revêtir un caractère racial », lit-on plus loin dans le procès-verbal. « Avant la commission des faits, les auteurs auraient révélé leur intention de “tuer du Blanc”. Ces propos seraient répétés à plusieurs reprises durant l'altercation. » Sur la foi des témoignages, la gendarme note aussi une « attitude étrange/repérage », avant que plusieurs membres du groupe de la Monnaie ne cherchent à « créer une altercation ». Conclusion : « Les coups de couteau seraient assénés dans des zones vitales et un sentiment d'encerclement est relevé lors des auditions de témoins. Des propos à connotation raciste anti-blanc seraient également prononcés. » Le sentiment d'encerclement peut paraître contestable lorsqu'on se souvient que les jeunes de la Monnaie sont moins d'une vingtaine quand il y a plus de 450 participants au bal, mais il n'en reste pas moins que les couteaux n'étaient qu'entre leurs mains.

Ce procès-verbal, pourtant dressé en bonne et due forme, ne va jamais faire surface. En un an d'enquête, ni le procureur, ni les magistrats instructeurs, ni aucun des avocats des différentes parties n'y feront référence. Numéroté DA43 par les gendarmes, il n'a jamais été officiellement versé dans le dossier d'instruction et aucun numéro de cote ne lui a été attribué. Dans le procès-verbal de synthèse, qui résume toute l'enquête de flagrance menée par le procureur de Valence jusqu'au 25 novembre 2023, avant que les mis en cause ne soient déférés devant un juge d'instruction, et dans le bordereau qui est joint et qui liste les actes diligentés par la gendarmerie, une seule mention existe du DA43 mais sous un descriptif erroné : « PV d'investigation : synthèse des auditions des personnes gardées à vue ».

Il n'est donc nulle part relevé que les gendarmes auraient suggéré l'existence d'« éléments constitutifs de circonstances aggravantes » tenant aux propos anti-blancs ou anti-français des jeunes de la Monnaie.

Le fameux PV n'a pourtant pas complètement disparu mais s'est glissé entre des centaines de feuilles de paperasse liées aux notifications des droits des gardés à vue. Qui l'a vu ? Qui l'a écarté ?

Lorsque nous le rencontrons en décembre 2023, un mois après les faits, et que nous l'interrogeons sur un possible mobile raciste, le magistrat nous assure qu'à ce stade « aucun élément dans l'enquête n'indique une telle circonstance aggravante ». Il tonne qu'il ne craindrait pas de qualifier le crime de raciste, mais que s'il n'a pas d'éléments pour le faire, il ne se laissera pas dicter le choix des mots par les médias qui exercent, il est vrai, une forte pression. Un peu plus tard dans la conversation, il concède qu'une poignée de témoins ont évoqué des insultes anti-blancs mais il cite une jurisprudence de la Cour de cassation selon laquelle cela ne peut pas constituer une circonstance aggravante de racisme. Selon lui, des insultes évoquant la France ou les Français pourraient en revanche la constituer. Mais il n'y en a pas eu, précise-t-il. Nous n'avons pas retrouvé cet arrêt, seulement une affaire qui date d'il y a quinze ans. En 2010, le groupe de rap ZEP avait été poursuivi en justice par une association après la sortie de la chanson « Nique la France ». Le tribunal correctionnel avait relaxé le rappeur au motif que les « Français blancs dits de souche » n'étaient pas un groupe protégé par la loi. Ne peuvent être condamnés que ceux qui appellent « à la discrimination, à la haine ou à la violence à l'égard d'une personne ou d'un groupe de personnes à raison de leur origine ou de leur appartenance ou non-appartenance à une ethnie, une nation, une race ou une religion déterminée ». La cour d'appel avait ensuite infirmé le jugement au motif que les propos du rappeur visaient bien « l'ensemble de la nation française ». Mais pour la cour de cassation, qui statue en 2018, il faut prendre en compte « l'ensemble du texte de la chanson », le « langage en usage dans le genre du rap » et remettre les propos dans leur contexte : aussi ordurières et vulgaires soient-elles, les paroles visaient à dénoncer le « racisme prêté à la société française » et s'inscrivaient dans un « débat d'intérêt général ».

À Crépol, une bagarre générale mais nulle trace de débat d'intérêt. Dans deux procès-verbaux de février et mars 2024, la gendarmerie reviendra à la charge et notera que des « jeunes de la Monnaie (...) pourraient avoir tenu des propos à caractère racial (anti-blanc, anti-français) à l'encontre des jeunes de Crépol ». Seize témoignages directs sont isolés par les enquêteurs.

Comment expliquer la disparition de ce PV ? A-t-il vraiment été perdu dans le flot que constitue un dossier d'instruction aussi tentaculaire ? A-t-il été glissé par erreur dans le dossier ou en a-t-il été écarté pour des raisons politiques ? Était-il vraiment possible de conclure de façon aussi affirmative, si tôt après les faits ? Le procureur de la République de Valence a en tout cas décidé de ne pas en tenir compte. Laurent de Caigny nous assure n'avoir jamais eu connaissance de ce PV. À ses yeux, tout ceci n'est qu'une fable.

La haine en ligne

Dès le lundi 20, les identités de plusieurs habitants de la Monnaie ayant supposément participé au bal fuitent sur les réseaux sociaux, parfois au prétexte d'aider l'enquête : puisque le procureur se refuse à révéler l'identité des auteurs, certains vont s'employer à dévoiler la « vraie réalité » des faits. Le procureur de Valence appelle en vain à ne pas stigmatiser. « Il est faux d'affirmer que le groupe hostile serait composé d'individus tous originaires de la même ville et du même quartier. » La communication paraît à certains maladroite ou insincère : l'enquête montrera par la suite que les mis en cause, même s'ils ne sont pas tous domiciliés à la Monnaie, y ont grandi ou y ont des attaches. Cela suffit pour pointer du doigt une communauté. Peu importe, aux yeux de beaucoup, qu'ils soient français depuis plusieurs générations, on ne retiendra que l'origine maghrébine de leurs parents ou grands-parents, comme si elle constituait en elle-même une explication. Peu importe que le procureur clame ne pas connaître différentes catégories de Français. Pour certains, il y en a bien plusieurs. Alors des citoyens, à l'ombre des réseaux sociaux, décident de prendre les choses en main.

Dès les premières heures suivant les faits, des vidéos et des photos du bal prises sur le moment ont été mises en ligne, et ce sont rapidement des milliers de personnes, témoins, amis des victimes, enquêteurs autodésignés, parfaits inconnus ou attiseurs de haine qui décortiquent la moindre silhouette, la moindre ressemblance, pour ensuite les jeter en pâture. Sur le compte X Remigration des Occupants, la photo de Kaïs, mineur, est ainsi diffusée, sous la légende : « L'un des crasseux qui était dans le groupe qui a planté Thomas (…) Merci de faire suivre son identification et son nouvel insta (…) afin que les autorités et les journalistes ne puissent pas dire : "Je ne savais pas" ». Le cliché a été pris au quartier. L'adresse des membres de sa famille est publiée, ainsi que le numéro de téléphone de ses parents. La photo de Mathys, alias Karlouche, est également livrée avec son identifiant Snapchat et ce commentaire : « Un autre jeune qui faisait partie de la bande qui a tué Thomas. » Chaïd, qui portait au bal un survêtement de l'Olympique Lyonnais, est quant à lui désigné sur TikTok comme « le meurtrier de Thomas ». Des extraits supposés de son casier judiciaire fuitent. Le 24 novembre, le militant d'extrême droite Damien Rieu publie les identités complètes des mis en cause sur X.

Plusieurs habitants du quartier qui n'ont rien à voir avec la soirée sont désignés à la vindicte populaire. Abdelkarim, 16 ans, se présente ainsi aux services de gendarmerie et leur montre son TikTok et son Instagram : « Il y a des photos de moi qui tournent sur la toile avec d'autres individus indiquant que nous sommes les meurtriers de Crépol. » Abdelkarim affirme que c'est impossible : il était à Oran, en Algérie, pour l'enterrement de sa grand-mère. Même récit d'Idriss, 24 ans : une photo où il se trouve en vacances à Malte, en 2022, avec son cousin, se propage, les désignant comme des meurtriers. « Je ne suis pas impliqué, de près ou de loin, dans l'homicide », jure-t-il.

La pression monte sur le quartier. Les téléphones sonnent sans relâche, les mères ont maintenant peur de décrocher.

« Allô, c'est qui, vous êtes qui ?

— Je suis un citoyen français et je vous éprouve mon mécontentement.

— Hein ?

— C'est votre fils qui a tué.

— C'est pas mon fils !

— Votre numéro il tourne. Avec tous ceux qui ont participé. Il va y avoir des conséquences.

— C'est des menaces ?

— On connaît votre adresse.

— Mais j'ai pas de problème. On a rien fait. »

La mère, inquiète, passe le téléphone à quelqu'un.

« On est droit dans nos baskets nous. La justice fera son travail.

— Exactement. J'espère que vous ne soutenez pas ses actes ?

— Non, on soutient pas, mais si vous venez nous chercher…

— Sur ce, je vous laisse.

— Mais pourquoi vous m'appelez ?

— C'est pour vous faire savoir que votre numéro, il tourne. Vous subissez les conséquences des actes de votre famille, c'est tout.

— D'accord.

— Voilà, c'était pour vous informer.

— Merci beaucoup.

— Je vous en prie. »

Dialogue surréaliste mais qui se répète, dans plusieurs foyers, parfois plus agressivement. En découvrant sur les réseaux les images de leurs fils affublées du qualificatif d'assassin, de tueur de Blanc, de francocide, des mères ont dès le dimanche sorti les tondeuses et rasé des mèches décolorées ou des boucles longues trop reconnaissables. Mais les publications continuent de tourner, les insultes et les menaces de tomber.

Durant ces jours troublés, un tag apparaît sur les murs de la Monnaie, que la police municipale relève, scandalisée : « La mère à Thomas on t'encule ».

En réponse, des inscriptions vengeresses recouvriront une nuit les murs de la mosquée. Clan contre clan.

Plusieurs des mis en cause diront plus tard que c'est ce climat de haine et de peur qui les a poussés à prendre la fuite. Certains les y ont d'ailleurs encouragés, comme ce compte anonyme sur Snapchat, « jetez vo tel i vont travailler la telephonie », « bruler vos habille et aller faire un tour en Algerie, force les zhommes », « avoue jamais fo des preuves ».

En cavale

Lundi soir. Chaïd, au téléphone, est complètement affolé : « Wallah c'est parti en couilles sa mère la pute, par Allah, les Français ils ont voulu nous bouler, on était 15 zarbi. Ils ont essayé de nous faire [incompréhensible], on leur a niqué leur mère à la fin, c'est parti en meurtre sa mère la pute, starfullah warbi wallah. Là maintenant, je me retrouve à faire des grandes fugues. Recherché ! Starfullah. » Quand il dit meurtre, il ne pense bien sûr pas à la définition juridique, il veut dire que la bagarre s'est achevée par une mort. Il ne s'agit pas d'une reconnaissance de culpabilité ni d'une apologie du crime, mais des propos décousus d'un garçon qui se demande que faire.

Les jeunes qui étaient à Crépol sont inquiets. L'urgence d'un ailleurs se fait sentir. La tentation de se mettre au vert. Certains parlent du bled, fantasment de monter dans un avion et de laisser les emmerdes derrière. Mais pour d'autres, qui ne sont quasiment jamais sortis de leur petite ville, partir, c'est un vertige. Certains n'ont pas de passeport, les vacances de toute leur vie se résument à une semaine de camping dans l'Ardèche ou au Cap d'Agde avec Philippe, l'éducateur du quartier. L'ancien policier municipal, qui leur fout des beignes quand ils se conduisent mal, mais sur qui ils savent pouvoir compter, et qu'ils adorent, patrouille dans les quelques rues, nuit et jour, l'hiver dans son blouson et sa polaire, l'été en short, sans jamais faiblir. Mais pour ce départ-là, même lui ne peut rien.

Nassir a 17 ans. Son nom et sa photo sont partout en ligne, sa mère a reçu des appels qui l'ont affolée. Quand elle a appris ce qu'il s'était passé à Crépol, elle lui a demandé : « Nassir, t'y étais ? » Il a répondu oui. Elle lui a dit : « Si tu n'as rien fait, tu n'as pas à avoir peur. » Mais elle ne lui a pas conseillé de se rendre à la gendarmerie. Son père est en Algérie depuis la veille, pour une affaire de famille. Paniqué, Nassir décide de fuir. Il écrit à son petit frère et le prévient : « Les schmitts vont venir me chercher. » Il lui demande de lui préparer ses affaires. « Tu vas le dire à maman ? » s'inquiète le petit. « Non », se défile Nassir. « Alors je vais lui dire, moi. » Nassir se rend : « D'accord. Mais attends que je sois parti. » Mebarka, leur mère, a toujours vécu à la Monnaie, où elle est née en 1981. Pendant le Covid, elle a été licenciée du restaurant industriel où elle travaillait depuis vingt ans. Après quelques mois de chômage, elle a retrouvé un emploi de femme de ménage dans une société. Elle se lève chaque jour avant 5 heures, dans la nuit noire. L'après-midi, avant de récupérer les plus jeunes de ses enfants à l'école, elle a un peu de temps pour faire ses courses, ranger l'appartement et, parfois, passer saluer ses collègues de la maison de quartier Noël Guichard, où elle a fait du bénévolat avant de retrouver du travail. Leur appartement donne sur la friche laissée par la destruction d'un immeuble qu'elle voit encore, comme tout le reste de la ville où elle a grandi, fantôme de son enfance. L'herbe y pousse à présent, haute, jonchée de quelques détritus. Le petit frère voit en pensée le sourire généreux de sa mère. Il n'osera finalement pas lui dire que son aîné est parti, avec dix euros dans la poche, presque sans affaires de rechange, et sans dire un mot à quiconque.

Lundi 20 novembre à 21 heures, les jeunes se rassemblent devant le volet fermé de la boulangerie. Il y a Nassir, donc, et Kaïs, mineurs tous les deux. Mathys, alias Karlouche, qui vit avec sa mère célibataire et son petit frère. Chaïd, la grande gueule, dont le survêtement de l'Olympique Lyonnais à rayures roses et le comportement provocateur ont été remarqués par tant de personnes à la soirée. Dimanche, la veille, il a dormi jusqu'à 17 heures, chez sa grand-mère. À son réveil, quand il est sorti dans le quartier, les petits se sont précipités pour lui apprendre qu'il y avait un mort et que sa tête tournait partout sur les réseaux, notamment la capture d'écran d'une vidéo peu flatteuse où on le voit essayer d'entraîner sur la piste de danse une jeune fille qui résiste. Dimanche soir, il a beaucoup bu, pensant qu'il vivait peut-être là sa dernière soirée en liberté. Et le lendemain, ce lundi, il a raconté à sa mère qu'il partait chercher du travail dans une autre ville. Le plus fou, à ses yeux, est qu'elle a semblé le croire, alors qu'il n'a jamais travaillé un jour de sa vie. Yasir, lui, a 19 ans, il vient de s'inscrire dans une agence d'intérim pour trouver une formation. Il est allé jusqu'en terminale, visant un bac pro électricien, mais il séchait trop souvent et le lycée, celui que fréquentait Thomas, de trois ans son cadet, a fini par le renvoyer. Les deux garçons se connaissaient de vue.

Un certain Kouider prendra le volant. Il n'a rien à voir avec l'histoire, il vit à Toulouse, où il est chauffeur livreur. Il y a emménagé quelques années auparavant avec ses parents mais il a grandi à la Monnaie et connaît bien Fayçal, l'auteur du coup de feu, qui montera à sa droite. Sur la banquette centrale, à côté de Chaïd, s'installent Nassir et Yasir. Encore derrière, Kaïs et Mathys. Ce n'est pas une équipée du grand banditisme, dans cette voiture ne se trouvent peut-être même pas les plus coupables des violences du samedi. Ce sont des adolescents – deux sont mineurs – et de jeunes adultes. Ils sont presque tous sans travail et sans diplôme et la plupart ont quitté le lycée vers 16 ou 17 ans. Ils ont déjà eu des interactions défavorables avec les forces de l'ordre pour des petits délits mais ils n'ont jamais été condamnés, sauf Fayçal, sous le coup d'un sursis de six mois de prison. Il est né il y a vingt et un ans à Romans où il vit avec sa mère, son beau-père et ses deux petits frères. Sa mère, qui travaille dans un EHPAD, a perdu un nouveau-né il y a quelques mois, d'une malformation cardiaque. Son beau-père est maçon-coffreur. Son père, lui, est en prison, ainsi qu'un de ses oncles. Fayçal est allé jusqu'au lycée mais il a tout arrêté en première et a fait depuis des petits boulots pour la mairie de Romans. Il a aussi été livreur pour Chronopost, a travaillé dans la mécanique, et été quelques mois manœuvre dans une usine de Bourg-de-Péage, de l'autre côté du fleuve. Il a une obligation de se soigner – il fait de fréquentes crises d'angoisse – et de traiter son addiction à l'alcool.

La mère de Kaïs, aux traits tirés par l'angoisse, un bonnet blanc sur la tête pour couvrir ses cheveux, est malade du cœur et ne peut plus travailler. Séparée de son mari, elle a six garçons, Kaïs est le quatrième. Ses aînés vivent à la Monnaie, ou tout près, et ont monté un garage et une entreprise de nettoyage de voitures situés côte à côte. C'est elle, Nadia, l'artisan de ce départ. Elle nous raconte : « J'ai voulu que mon fils parte, c'était devenu trop dangereux. Il est mineur. On avait peur. » Elle prête sa voiture, un SUV

Peugeot 5008 gris à sept places aux garçons. Kouider conduira. Nadia a préparé la valise de son fils.

Pas de plan particulier, diront-ils plus tard en garde à vue. Juste quitter l'ambiance mortifère du quartier. Prendre des vacances. Éloigner la menace de leurs familles. Se mettre au vert. Montpellier, Toulouse, la destination visée variera selon leurs déclarations.

Ceux des parents qui sont au courant portent les sacs et les valisettes, inquiets, pressés, les autres arrivent seuls et s'engouffrent dans la voiture, les adieux se font dans la nuit. Ce sont des familles où l'on vit serrés, collés. Les frères partagent leur chambre, les enfants restent longtemps à la maison et quand ils finissent par s'établir, ils n'atterrissent pas très loin, à une rue ou deux, comme les frères de Kaïs. Ce départ incertain trouble et inquiète.

Sur la route de Toulouse, les jeunes pleurent, se filment en train de conduire, inhalent des ballons de protoxyde d'azote, fument, rigolent, puis pleurent encore. Leur vie est foutue, ils ont peur. Leur vie est excitante, ils sont fiers. Ils espèrent se tirer d'affaire, ils ne pensent pas au lendemain. Ils veulent se taire et jouer les bandits, mais ils se filment sans arrêt, envoient des vidéos aux amis du quartier. « Wallah laisse tomber, on est dans une sale histoire. » « Sale histoire par Allah. » « Ça nous prend pour des méchants mais c'est pas nous, bande de fils de putes. » « Wallah, toujours le sourire en tout cas. » Car il y a des petits frères admiratifs qui regardent, il faut assurer. « Vas-y on manque de rien », affirment les garçons, flambeurs, en filmant rapidement des billets dans les sacoches. Ils s'arrêtent dans une épicerie et achètent des bouteilles de vodka Belvedere, de Cristaline, des Red Bull pastèque et coco, et d'autres bonbonnes de protoxyde. Ils changent de conducteur, Kouider est trop défoncé pour aller plus loin. À cause des déviations, ils se perdent.

Parmi eux, certains, dans la nuit de samedi, n'ont peut-être rien fait d'autre que balancer une barrière de sécurité sur leurs adversaires. Mais il y a des blessés graves, un mort. Des photos et des vidéos. Un déferlement de haine en ligne. Et la police qui ne va pas tarder à les trouver, ils en sont conscients. Cette équipée, c'est la cavale imprécise de sept jeunes dépassés par la situation, qui multiplient les mauvaises décisions et n'assument rien.

Ils rigolent, ils font les cons, encore quelques ballons, ils allument des joints, l'odeur de cannabis rend l'air irrespirable. Les yeux de Chaïd paraissent couler, déborder, sa langue est pâteuse. Ils ricanent, c'est l'effet du protoxyde, comme cette sensation de fourmillement dans leurs pieds, dans leurs mains. Les sons se déforment, il arrive que cette susbstance provoque des hallucinations. Les heures passent. Ils écoutent de la musique. Les paysages défilent de l'autre côté des fenêtres, ils regardent à peine, petit bout de cité lancé à pleine vitesse. Ils mettent six heures pour parvenir jusqu'à Toulouse.

Les forces de l'ordre sont au courant depuis le début de leur projet de cavale mais le chef de la gendarmerie a prévenu le procureur : une interpellation dans la cité sera compliquée – combien faut-il d'hommes pour en arrêter sept, entourés de leur famille et de leurs amis, dans une atmosphère électrique ? Les incidents sont fréquents à la Monnaie, notamment les caillassages des voitures de police ou des pompiers. On n'entre plus dans le quartier, nous disent les policiers de l'ancienne BAC de nuit, dissoute par manque d'effectifs. Une poignée de rues, pas le Bronx peut-être, mais on n'y entre plus. Foutaise, les polices municipales et nationales y vont sans arrêt, d'initiative ou sur mission, balaye la maire de Romans. Quoi qu'il en soit, le colonel B., coordinateur de l'enquête de la gendarmerie, devra solliciter l'assistance de plusieurs autres services, et il a évalué qu'il ne peut pas monter cette opération avant mercredi. Le procureur passe les noms des suspects dont il dispose sur Cassiopée, le fichier qui recense les identités de toute personne (témoin, auteur ou victime) liée à une procédure judiciaire. Il tente d'évaluer leur dangerosité, leur volatilité. « Ce n'est pas Mesrine, ce sont des petits délinquants tout au plus, certains n'apparaissent même pas. C'est ce que les flics appellent des “crapauds”, des jeunes de quartier qui ont maille à partir avec les policiers sans commettre de graves infractions. C'est pas la mafia », conclut-il. Il préférerait bien les cueillir tout de suite mais il accepte le délai du mercredi. Il ne croit pas les jeunes équipés pour prendre la fuite et entrer dans la clandestinité.

À peine a-t-il donné son accord qu'on l'informe que « s'ils partent avant », les gendarmes ne procéderont pas à une interpellation sur l'autoroute – extrêmement périlleuse. Le procureur comprend, à demi-mot, que les jeunes sont déjà en cavale… Ils ont tous laissé leurs téléphones derrière eux, sauf un. Les gendarmes les géolocalisent ainsi, roulant en direction du Sud-Ouest. Le risque paraît soudain sérieux qu'ils soient en route pour le Maroc, via l'Espagne. Tout le monde se tend. Les idées noires tournent en boucle dans la tête du procureur, en son palais de justice de Valence. Il compte les kilomètres qui les séparent encore de la frontière et des emmerdements sans fin de la coopération policière internationale. Cherchent-ils vraiment à gagner le bled ? On perdrait pour toujours les potentiels auteurs de la « descente programmée » dont toute la France, politique et médiatique en tout cas, parle à présent ? Il enrage.

Ils arrivent à Toulouse vers 4 heures du matin, à l'hôtel Zenitude, où un vieux gardien de nuit encaisse le prix des deux appartements qu'ils ont réservés. Les voilà dans les chambres. Torses nus, défoncés. Quelques ballons de plus, des fous rires. Les yeux rouges. Ils se poursuivent dans les couloirs. Les maillots de foot jonchent le sol, les claquettes en plastique et les baskets, de marque mais usées, trouées, parsèment les pièces. Batailles d'oreillers. Nassir et Yasir partagent un lit, Chaïd, habitué à être traité en enfant unique, est seul dans l'autre. Kaïs et Mathys dormiront dans le canapé-lit du salon. Dans l'autre appartement, les deux plus âgés, Fayçal et Kouider, celui qui n'était pas à Crépol, s'installent pour la nuit.

Le lendemain, ils se réveillent en début d'après-midi. Ils se filment. Se photographient. Se snapent. S'instagramment. Ils appellent les amis, la famille, en FaceTime. Leurs nouveaux téléphones sont greffés à leurs mains. Ils se sentent enivrés de substance et de liberté. L'odeur du danger. Ne sont-ils pas en cavale, comme des grands ? Kaïs allume un joint, la télé est branchée sur les chaînes d'infos. « Les auteurs présumés sont toujours en fuite. » « Mes couilles, lance, blasé, Chaïd depuis la pièce voisine, ça parle encore de nous à la télé ? »

Puis ils se rendent dans un quartier acheter de quoi fumer. Un 30e d'herbe et un 20e de jaune (30 euros de chanvre et 20 euros de cannabis). Il est 13 h 30, ils ont faim. Chaïd roule un joint dans la rue et s'apprête à l'allumer quand les forces de l'ordre leur tombent dessus.

C'est le GIGN qui s'y est collé. Les garçons sont encerclés, ils ont la tête écrasée contre le bitume, les bras tirés en arrière. Même ceux qui ont déjà eu affaire à la police n'ont jamais été arrêtés comme ça. Ils ont peur. Leur cavale n'a pas duré 24 heures. La bouche rendue pâteuse par l'alcool et la fumette, les paupières gonflées, ils sont traînés dans un fourgon et emmenés, nauséeux et résignés, pour une garde à vue qui va durer 96 heures.

Des lycéens

Une fois les sept de Toulouse sous les verrous, l'enquête continue et une seconde vague d'interpellations intervient le lendemain. Ce sont alors Jules, 17 ans, à Romans et Ilyès à Bourg-de-Péage qui tombent. Victor, 15 ans, le frère de Jules, prend la fuite et disparaît dans la nature. Enfin, Yanis se présente spontanément à la gendarmerie de Saint-Donat-sur-l'Herbasse, accompagné par son père, le patron du Caramel, le petit bar de la Monnaie. Le procureur rédige un nouveau communiqué de presse, toujours sans donner les noms ni les prénoms des auteurs, ce qui lui sera reproché *ad libitum* par une partie de la presse, mais en précisant quelques éléments : ce sont des petits délinquants nés à Romans, tous de nationalité française. Parmi eux, deux seulement ont déjà été condamnés, à une peine d'amende par ordonnance pénale. « C'est pas bien, mais c'est pas la folie non plus », analyse pour nous le procureur qui récapitule : « Il y a une infraction au code de la route, une ordonnance d'interdiction de port d'arme de catégorie D, qui a donc été violée, et le jeune homme sera condamné au moins pour ça. Je vous laisse le soin de vous renseigner sur la jurisprudence à Bobigny, Valence n'est pas le tribunal le moins répressif, loin de là… Mais qu'importent leurs prénoms ? Est-ce à la justice de distinguer la francité des gens ? Moi-même j'ai un ancêtre naturalisé en 1927 », répète-il, obstiné dans sa comparaison. « Le principal suspect (à ce stade) du coup de couteau, précise-t-il encore avec irritation, est de surcroît de mère française. Il est français, de naissance et par ascendance, c'est la loi, n'en déplaise aux commentateurs. » Les gardés à vue ont entre 16 et 23 ans. Ils fréquentent ou ont fréquenté les mêmes collèges et lycées que la victime. La moitié d'entre eux n'habitent pas ou plus la Monnaie. Ce sont des données précises, légales, factuelles, dont l'opinion ne va faire aucun cas. « La France a décidé de se péter un délire interprétatif, c'est dommage », grogne Laurent de Caigny. Voilà donc l'enquête avec dix gardés à vue. Parmi lesquels se trouve, le procureur en est certain, le principal suspect. Mais il s'avance peut-être un peu vite.

En audition, les jeunes gens vont jouer les idiots, refuser d'identifier des amis d'enfance sur les planches photographiques qu'on leur présente, nier la présence de proches jusqu'à ce qu'on leur mette sous les yeux une vidéo ou une photo sur lesquelles ils sont reconnaissables sans discussion à leurs côtés, se montrer flous sur leur emploi du temps du samedi, sur les véhicules avec lesquels ils se sont rendus à Crépol et sur ceux avec lesquels ils en sont revenus – personne n'a envie d'admettre qu'il était dans la voiture d'où a été tiré le coup de feu. À les entendre, aucun n'a participé à la bagarre, aucun n'avait de couteau, sauf Chaïd qui l'avait remis au videur. Ils ne connaissent pas les noms de famille de leurs meilleurs copains, ne portent aucun surnom, ne se souviennent plus de leur numéro de portable. Ils ne reconnaissent qu'à regret leurs faits et gestes, une fois contraints par une évidence ou un feu croisé de témoignages concordants.

Au quartier, dans les familles, c'est la désolation. La mère de Kaïs ne dort plus depuis l'arrestation de son fils. Elle craint pour ses plus jeunes enfants. Elle fuit les caméras, celle de BFM est en bas de chez elle, à Clérieux. Elle quitte son appartement pour venir s'installer chez un de ses grands fils, qui vit avec sa femme, blanche – on pardonnera la précision mais elle est peut-être importante puisqu'il s'agit d'une affaire où le racisme anti-blanc est évoqué avec insistance –, et leurs enfants dans un petit bâtiment en bordure de la Monnaie, où la peinture verte des murs s'écaille derrière les cadres des photos de famille qui couvrent les murs. Elle regarde les informations et les réseaux sociaux en boucle, trouvant que tout y est déformé. Elle ne reconnaît pas son fils dans le portrait qui en est fait. « On dirait qu'ils parlent d'un voyou », se désole-t-elle. La cité bruisse d'inquiétude. Les familles des gardés à vue ne sont victimes d'aucun ostracisme de la part des autres habitants, on plaint les mamans, on se serre les coudes et on remercie la Providence que son fils ne soit pas sorti samedi. Au collège, des petits frères en profitent pour asseoir leur réputation. Avoir un aîné en garde à vue vous auréole d'un certain romanesque.

Un jeu malsain s'instaure dans les établissements scolaires. Les jeunes passent en revue leurs réseaux pour tenter de dénicher les coupables, et les gamins de la Monnaie ou qui y ont des connaissances se donnent parfois de l'importance, faisant semblant d'avoir des informations confidentielles, s'inventant un rôle dans l'affaire, des proches ou des cousins mis en cause. Les abords du lycée, les cours, les couloirs, et même les salles de classe, frémissent de rumeurs, de paranoïa, et d'accusations. Tout le monde ne parle que de ça, pendant des semaines. Les gendarmes reçoivent des adolescents. Un garçon a entendu une camarade – il dit « une Arabe de la classe » – raconter à ses amies qu'elle avait reconnu, sur des vidéos de la soirée qui tournent sur les réseaux sociaux, plusieurs garçons qu'elle connaissait. Elle est convoquée à la gendarmerie. Mal à l'aise, la jeune fille, en classe de seconde, accepte de répondre aux questions pendant que son père patiente à l'extérieur. Elle connaissait de vue Thomas Perotto, qu'elle croisait souvent au Boomerang, le foyer du lycée, un simple hall avec quelques tables où les jeunes ont l'habitude de se réunir, sans avoir jamais vraiment discuté avec lui. « Vous êtes-vous vantée de connaître le nom du tueur ? » interrogent les enquêteurs. « Je ne le connais pas », affirme-t-elle, les gens ont dû mal comprendre ce qu'elle disait. Tout le monde spécule sur les identités des auteurs, explique-t-elle encore.

Deux participants du bal, scolarisés au centre de formation des apprentis de Livron, pensent aussi avoir reconnu des condisciples avec qui ils font le trajet en bus, sans toutefois se parler. « Ils arrivent en général à pied à l'arrêt de la gare routière de Romans. Ce sont des garçons d'origine maghrébine. » Dans la bouche d'un père, entendu par les enquêteurs, cela devient : « On a vu d'autres parents qui ont entendu que leurs enfants avaient été menacés de représailles dans les transports scolaires en direction de Livron. » Ces faits n'ont pas pu être établis. La mère de Thomas rapporte également à la police que des amis de son fils ont peur de se constituer partie civile. Certains n'arrivent même plus à reprendre l'école ou à emprunter le car pour se rendre en cours.

Au collège André Malraux aussi, l'ambiance est pesante. Le 21 novembre, trois jours après le bal, une accompagnante d'élève en situation de handicap suit le cours d'histoire-géographie. Juste à côté d'elle, un adolescent, scolarisé depuis deux jours seulement dans l'établissement, affirme qu'il était présent au bal et qu'il a vu le jeune se faire tuer. « Il a ensuite continué en disant que c'était son grand frère qui avait "planté". Puis il a déclaré que son grand frère lui avait dit au revoir car il devait partir à Toulouse pour ne pas se faire attraper par les gens d'ici. Il a aussi ajouté que c'était à cause de gens comme nous qu'il devait partir. Il a terminé en disant qu'il avait peur de ne pas revoir son frère car lui et sa mère recevaient des messages menaçants sur les réseaux sociaux disant que son frère était un assassin. » L'accompagnante s'en ouvre à midi à un professeur qui prévient la principale et la CPE du collège, lesquelles signalent les faits à l'académie de Grenoble, avant que la gendarmerie en ait vent. L'adolescent en question est le frère de Kaïs, qui vient d'être arrêté à Toulouse – mais cela, il l'ignore encore. Renvoyé du collège Debussy, un des quatre collèges publics de la ville, il est nouveau à Malraux. Il est convoqué devant les gendarmes. Non il n'était pas à la soirée, mais son frère si. Non, ce n'est pas son frère qui a « planté ». Oui, sa maman a envoyé Kaïs à Toulouse le temps que la situation se calme. « Au collège Malraux où je suis rentré lundi, y'en a qui connaissent mon frère et qui ne l'aiment pas. Ils ont vu des photos de mon frère sur les réseaux sociaux qui indiquaient que mon frère était l'assassin. Ils ont alors commencé à faire des fausses rumeurs en disant que j'avais un couteau sur moi, que j'étais exclu de Debussy parce que j'avais menacé un prof avec un couteau et que j'étais à la fête de Crépol avec mon frère », se justifie-t-il, oubliant de préciser qu'il a lui-même tenu les propos qui lui valent cette convocation. « J'étais déçu parce que c'est mon nouveau collège et que deux jours après je ne peux déjà plus y aller alors que j'ai rien fait. »

Le 23 novembre, un nouveau rapport, cette fois-ci d'une professeure de première du lycée Victor Hugo, à Valence, parvient à l'académie. L'émotion a dépassé les frontières de la ville, contaminant des établissements plus lointains. La veille, une élève entre en cours avec son téléphone à l'oreille, elle écoute un message audio et ne veut pas s'interrompre, clamant que c'est important. « Vous en entendrez parler aux informations. » « C'est l'affaire Thomas, finit-elle par lâcher. Y a une vidéo qui circule sur mon cousin et qui dit que c'est lui qui l'a tué. Mais moi je sais qui l'a tué et c'est pas mon cousin. » À sa professeure, qui lui explique que les faits sont très graves et qu'elle doit parler si elle a des informations, elle répond qu'elle n'est pas une « balance », qu'on lui a appris toute sa vie qu'il ne fallait « jamais rien dire ». Elle ajoute : « C'est parce que c'est un Français qui est mort sinon on n'en ferait pas autant d'histoires ! » Son enseignante échoue à la convaincre et rédige un rapport : « Mercredi matin, dans la classe, des élèves demandent à cette élève si son cousin a été arrêté mais je coupe court à la conversation avant que la réponse ne soit donnée et que, même si c'est un sujet d'actualité, je ne veux pas que l'on en parle durant le cours. » Interrogée par les enquêteurs, l'adolescente admettra finalement qu'il ne s'agit pas de son cousin, mais de celui d'une de ses amies, qui lui a envoyé des messages vocaux sur Snapchat, lui demandant de ne pas croire les rumeurs.

Régis Roussillon, professeur de sciences économiques et sociales au lycée du Dauphiné – il y a cinq lycées en ville, un professionnel, un horticole, un privé et deux généraux, dont le Dauphiné – et délégué syndical, nous confirme l'extrême difficulté rencontrée par le corps enseignant pour aborder, dans les jours suivant la mort de Thomas, le drame avec les élèves. Deux très bons amis de Thomas étaient dans sa classe. L'enseignant dément fermement l'existence d'une ségrégation dans les établissements scolaires de Romans, tout en admettant pratiquer en filière générale, là où les jeunes de la Monnaie sont peut-être un peu moins présents. Mais après le drame, « j'ai eu l'impression que quelqu'un avait mis du citron, et que d'un coup, j'avais deux huîtres fermées en face de moi ». Pendant quinze jours, une chape de plomb s'abat sur le lycée. « C'était très très lourd. » Le discours « Blancs des collines » contre « Arabes des quartiers » instille au lycée l'idée que les professeurs blancs pensent forcément la même chose que ce qu'on entend à la télévision. Avec un groupe de collègues, Régis Roussillon cherche à donner aux élèves des clés de compréhension. Les professeurs les plus volontaires sur la question modulent un peu leurs cours de sociologie : qu'est-ce que de vivre avec tel ou tel parcours ? Quel espace entre déterminisme et choix ? Régis Roussillon correspond avec des sociologues, en invoque certains en classe, en fait intervenir d'autres. Anne Muxel, sociologue et politologue, vient présenter son ouvrage sur le travail des éducateurs de rue dans les quartiers. Des représentations de théâtre sont données, adaptées de *La France des Belhoumi*, l'ouvrage de Stéphane Beaud, professeur à Sciences Po Lille, qui retrace l'histoire d'une famille algérienne sur quarante ans. Roussillon et ses collègues donnent à leurs élèves des questionnaires anonymes pour savoir ce qu'ils en ont pensé. « On a eu beaucoup de retours, dont certains qui nous disaient : c'est la première fois qu'on parle de nous en bien. Franchement, cela nous a glacé le sang. Cela renvoie à la violence de l'institution, de la vie, aux fissures de la société française. D'autres jeunes nous ont également dit : moi je viens d'un milieu plus favorisé, je connaissais pas du tout la situation dans ces familles d'origine immigrée. Ça ressemble pas à ce qu'on nous montre à la télé. »

Pour Régis Roussillon, les familles issues de l'immigration ne sont pas considérées comme françaises par tout le monde et cette discrimination provoque une tendance au repli identitaire. « On définit ce qu'on est par rapport à ce qu'on n'est pas. Et si on nous dit qu'on n'est pas français, alors on va chercher sa vérité ailleurs. » Le professeur s'indigne qu'on postule une égalité des chances qui n'existe pas. En 2012, le chercheur Hervé Cellier et Philippe Pourtier, l'ancien directeur de la Cohésion sociale et de la tranquillité publique à la ville de Romans-sur-Isère, avaient partagé leurs recherches dans un livre sur la réussite éducative. Ils concluaient que la population de la Monnaie était une des plus pauvres de France. La tendance au repli que constatent ceux qui, sur le terrain, se battent au quotidien, est la gangrène de notre société. La paix paraît ne plus pouvoir exister qu'entre personnes qui se ressemblent. Comme si le pays s'archipellisait en une mosaïque toujours plus étroite de communautés étanches les unes aux autres.

La maire, la marche blanche et le président de la mosquée

Il reste dans le vieux Romans des bâtiments à colombages datant de la période médiévale, comme il reste, alentour, des usines et des ateliers fermés successivement depuis les années 1980 et aujourd'hui squattés, cicatrices d'une cité industrielle déchue. Romans a longtemps vécu de la confection de la chaussure, apparue au milieu du XIXᵉ siècle. Après la Seconde Guerre mondiale, la petite ville produit à elle seule 12 % des souliers de France. Ce passé est célébré à chaque coin de rue sous la forme de gigantesques sculptures d'escarpins couleur pop. En 1983, plus de la moitié de ses habitants en vit mais le déclin commence déjà. En 2007, la chaussure ne représente plus que 1 % de l'emploi privé, les plus gros employeurs, Charles Jourdan, Stéphane Kélian, ont disparu, laissant des familles entières sur le carreau. La crise est terrible, industrielle, sociale, économique. La pauvreté s'envole.

On trouve aujourd'hui dans les environs de la ville des ateliers de maroquinerie à destination de marques de luxe comme Vuitton ou Hermès, qui ont permis à d'anciens ouvriers de se réemployer et à la maire, Marie-Hélène Thoraval, tendance droite dure, dont c'est le deuxième mandat, d'affirmer que tout va bien. À l'en croire, l'industrie est florissante et diversifiée, l'agroalimentaire, le nucléaire, la maroquinerie se conjuguant pour former un dynamique bassin d'emploi. C'est à ces mots qu'on pense en traversant la ville, devant les vitrines de magasins en liquidation ou de fonds de commerces à reprendre. Car les difficultés socio-économiques perdurent malgré les efforts de l'État. Selon les chiffres de l'INSEE de 2021, le taux de chômage est toujours plus élevé à Romans (16,5 %) qu'à l'échelle nationale (7,5 %). L'écart est également important pour le taux de chômage des ouvriers à l'échelle de la zone d'emploi : 25 % contre 18,5 %. Le taux de pauvreté est élevé, de plus de 20 % en moyenne sur la ville, qui connaît une forte ségrégation socio-spatiale. Mais la maire n'en démord pas. « La Monnaie, c'est mon seul point noir. »

Marie-Hélène Thoraval, cette jeune grand-mère au carré gris d'acier et aux yeux verts, a appris la mort de Thomas à la fin de la nuit de samedi à dimanche, par un coup de téléphone de la police municipale. Ce sont eux qui ont la main sur les caméras de vidéo-surveillance. Ils commencent immédiatement l'exploitation des images. En 2014, il n'y avait aucune caméra en ville. Durant son premier mandat, la maire en a fait installer 100. En 2026, il y en aura le double.

C'est la deuxième fois, selon Marie-Hélène Thoraval, que Romans est le théâtre d'un « attentat ». En avril 2020, au début du premier confinement, un réfugié soudanais de 33 ans inconnu des services de renseignement entre dans un bureau de tabac muni d'un couteau et agresse le couple gérant. Il poursuit son chemin jusqu'à une boucherie où il se saisit d'un couteau. Il blesse ensuite un piéton après lui avoir demandé s'il était français, puis porte des coups mortels à un homme qui ouvrait ses volets. Il poignarde encore un passant et achève son périple sanglant par une ultime agression. « Il a crié Allah machin avant de passer à l'acte », nous résume la maire.

Le dimanche 19 novembre, quand elle apprend que l'intégralité des personnes recherchées viennent de Romans, elle a honte, personnellement, et elle suppose immédiatement qu'ils sont tous de la Monnaie. Le jour même, elle contacte la famille de Thomas. En y repensant, elle ne peut retenir ses pleurs. Elle ira voir le corps du jeune homme dans la chambre funéraire. Elle promet d'aider les parents à organiser la marche blanche.

Tristan Tardy, le patron du club de rugby romanais-péageois, celui de Thomas, a quant à lui appris la nouvelle au réveil, par son fils. « C'est

Toto qui a été blessé », lui dit son garçon tandis qu'ils écoutent les informations locales. Son téléphone n'arrête pas de sonner. Tout en essayant de prendre des nouvelles, de démêler le vrai du faux, Tristan Tardy, ce quadragénaire costaud au crâne rasé, à la large barbe de motard et aux lunettes carrées, tente de joindre la fédération sur son numéro d'urgence : le derby prévu ce jour doit-il avoir lieu, compte tenu des circonstances ? Ils le joueront, finalement, en hommage à Thomas.

Le lundi, ils sont 200 gamins au club, en plein désarroi. Tristan Tardy constate la colère des jeunes, leur agressivité. Les préparatifs de la marche blanche commencent. Le patron du club reçoit un appel inquiet de la mère d'un joueur. D'origine maghrébine, elle s'interroge : n'est-ce pas une mauvaise idée qu'elle vienne à la marche ? Elle a peur que cela soit pris pour une provocation par certains, ou qu'elle et son fils soient victimes d'actes malveillants. Le patron se désespère et fait tout pour la convaincre. Il connaît bien le coin. Ses parents tenaient une boulangerie à la Monnaie, de 1995 à 2000. Le club, d'ailleurs, n'est qu'à quelques encablures du quartier où ils font, parfois, de plus en plus rarement, des actions pour recruter des joueurs. Car le RC Romans-Péage, fondé en 1949, a toujours eu une vocation sociale.

Mercredi, dans le froid de l'hiver qui est enfin tombé, 6000 personnes défilent en direction du stade où les attend la famille de Thomas. Beaucoup diront que la marche blanche portait bien son nom et qu'on n'y trouvait aucune diversité. Mais nous avons pourtant rencontré des mères du quartier qui s'y sont rendues, dont Mebarka, celle de Nassir.

Marie-Hélène Thoraval, la maire, ne décolère pas. Le meurtre de Thomas lui offre un coup de projecteur dont elle se saisit. Son ambition est palpable. Dans l'ombre de l'hôtel de ville, bâtisse étrange et composite, elle écoute avec attention les plans de son directeur de cabinet, un trentenaire secret, élu de Boulogne de 2008 à 2014, collaborateur de Xavier Bertrand puis Thierry Solère, qui lui voit un destin national. Elle donne des interviews et ses commentaires sont repris, notamment ceux sur les parents délinquants, dont l'extrême droite se délecte : « Nous avons des dynasties de délinquants issus de parents délinquants. » Elle se vante de décomplexer le discours, de dire tout haut ce que les gens pensent tout bas (croit-elle), elle veut obliger « les élites », bien sûr, à ouvrir les yeux sur ce qui se passe sur le terrain.

La Monnaie est son obsession. Quand on l'interroge sur le taux de chômage du quartier, elle balaie d'un revers de main : « La question ne devrait pas être : y a-t-il des demandeurs d'emploi, mais y a-t-il des chercheurs d'emploi ? » Puis elle fait mine de réfléchir : « Sont-ils même employables ? » Elle se plaint de n'entendre que des récriminations, des demandes, des plaintes. Quand se prendront-ils en main ? interroge-t-elle. Elle affirme avoir investi 150 millions d'euros dans la rénovation du quartier, comme si l'argent était sorti de sa poche.

Pour la maire, on a, « dans ces milieux-là, une haine du Français, qui vient de l'emprise grandissante des religions, une haine du pays d'accueil et de la République tout entière ». Elle dit rejoindre le souhait qu'aurait exprimé selon elle la famille de Thomas que le caractère raciste de l'agression soit retenu. La famille ne nous a pas répondu sur ce point.

La bête noire de la maire, c'est le communautarisme. Elle répète que la religion est de plus en plus présente à la Monnaie. Elle en veut pour preuve le nombre de femmes voilées du quartier. Elle affirme que les notes de la Direction nationale du renseignement territorial signalent cette recrudescence du religieux. Nous n'avons pas eu connaissance de telles notes.

Il y a deux mosquées à la Monnaie, l'une fréquentée par la communauté turque, l'autre par celle d'origine maghrébine, une vieille petite maison basse, au 62 avenue du Maquis, dans un état de décrépitude totale. Elle était déjà délabrée lors de son inauguration, en 1982. Elle avait dû être reconstruite précipitamment car un militaire l'avait plastiquée juste avant l'ouverture. 700 fidèles, sans les femmes, s'y rendent tous les vendredis. Ils sont jusqu'au double pour certains prêches importants.

La plupart restent dehors, dans la courette, priant sous la pluie ou le soleil, à la vue des automobilistes. La plomberie, l'électricité, sont défectueuses. Rien ne marche. Le président de la mosquée, Ahmed Bouzazi, reconnaît que les fidèles sont de plus en plus nombreux. Ils viennent d'ailleurs parfois de loin, la Sounnah est l'une des seules mosquées de la région : il y en a deux à Valence, et une autre, plus loin vers le nord, sur la route de Lyon.

La nouvelle direction de la mosquée, élue en juin, avait sollicité un rendez-vous à la mairie pour se présenter. « Commencez par faire la sécurité au quartier avant de venir me demander des choses », avait répondu Marie-Hélène Thoraval au père de famille stupéfait. La maire avait mené campagne dans le quartier et la précédente direction avait appelé à voter pour elle. Depuis son élection, la Monnaie ne l'avait plus revue.

Est-ce au personnel religieux d'assurer la sécurité dans les quartiers ? l'interroge-t-on. Chaque vendredi, l'imam appelle au calme et à la sécurité. « Mais les jeunes qui caillassent les voitures ne sont pas dans la salle pour l'entendre », nous dit le président de la mosquée qui, à la tête d'une petite entreprise de bâtiment, craint comme n'importe qui les caillassages pour son camion.

Deux jours après la mort de Thomas, la demande de permis de construire pour agrandir la mosquée – qui est propriétaire du terrain – est refusée sans explication. Ahmed Bouzazi obtient un rendez-vous à la mairie pour demander des éclaircissements, mais on l'annule au dernier moment. Il dépose un recours gracieux, qui fait l'objet d'un même refus. Alors le président de la mosquée prend un avocat et attaque la décision en justice.

Où étaient les adultes, quand Thomas a été assassiné ? Et dans les jours qui ont suivi ? tempête la maire. Ahmed Bouzazi répond d'une voix douce et lasse à la fois : « On était là, comme toujours. » Dès le mardi, la mosquée a publié sur son site un communiqué pour condamner l'horreur de ce meurtre et présenter ses condoléances à la famille. « Nous sommes pères, nous sommes mères, nous sommes frères, nous sommes sœurs, nous sommes habitants de Romans, habitants des villages alentour, et c'est pour toutes ces raisons que nous sommes touchés au plus profond de nous », ainsi commence le texte. Les membres du conseil d'administration de la mosquée se sont rendus à la messe donnée pour Thomas en l'église Notre-Dame de l'Herbasse, à Saint-Donat. « J'ai demandé, par un intermédiaire, s'il était possible de présenter mes condoléances à la famille. On m'a fait comprendre qu'ils ne voulaient parler à personne, j'ai respecté leur souhait, bien sûr. » Mercredi, le président et les personnels de la mosquée se rendent à la marche blanche avec l'imam et des parents de la Monnaie, et défilent comme tous les Romanais.

Pour le président de la Sounnah, une toute petite minorité de jeunes est responsable des problèmes de délinquance du quartier. Et cela n'a rien à voir avec la religion, ce ne sont pas des jeunes qui fréquentent la mosquée. Quand la maire parle de radicalisation du quartier, il secoue la tête. « Je porte peut-être la barbe mais j'élève mes enfants, garçons et filles, dans le respect de la République et de la France. Mon aînée est étudiante à l'université à Grenoble et présidente de SOS Racisme pour les étudiants de la ville. » Le président de la Sounnah est un quadragénaire sportif à la barbe courte et bien taillée. Il a tenté un moment de s'occuper du club de foot du quartier. Il s'est battu pour obtenir un terrain synthétique – la moitié de l'année, les jeunes pataugent dans une boue telle que le stade est impraticable – et des éclairages. La mairie a refusé d'investir. Indigné, il a fait venir France Bleu pour que les journalistes constatent l'état des lieux. À la suite du reportage radiophonique, la maire a renouvelé les éclairages du terrain de tennis de Romans et a fait livrer les anciens spots à la Monnaie…

Ahmed Bouzazi est arrivé à 12 ans, avec ses parents, à la Monnaie. Il a bénéficié de tout ce que le quartier, pourtant très pauvre, offrait à l'époque, notamment du soutien scolaire dispensé par une association aujourd'hui disparue. Débarqué sans parler français, il s'y est rendu trois fois par semaine pendant toutes ses années de collège. Il fréquentait aussi le 1000 Club, du nom de l'opération lancée à la fin des années 1960 par François Missoffe, ministre de la Jeunesse et des Sports. Le deal est simple : les communes s'engagent à fournir un terrain, à couler la dalle pour accueillir la structure, qui est livrée gratuitement. Ce sont les jeunes des communes qui en assurent la construction et qui l'animent ensuite avec des éducateurs et des bénévoles. La ferveur populaire est si forte que le ministère de la Jeunesse et des Sports en livrera plus de 2 300 entre 1968 et 1982, au lieu des 1000 qui étaient envisagées. Ahmed Bouzazi, enfant, est aussi un habitué du centre aéré Chopin, de fin juin jusqu'à la rentrée de septembre, car il ne part jamais en vacances. Il participe à toutes les activités : olympiades, sorties, compétitions inter-quartiers.

Aujourd'hui, il regarde autour de lui et, comme tout le monde, du procureur de Valence aux mères du quartier, il commente : il n'y a rien. Une balançoire qui pend tristement, cassée dès son installation. Des friches d'herbes hautes protégées par d'énormes parpaings. Le bâtiment des éducateurs qui prend l'eau. Une grande fresque sur un mur, à laquelle ont participé les habitants du quartier et qui consiste en un immense collage de tous leurs visages. Quoi d'autre ? demande-t-il, en chœur avec les habitants.

L'ultra-droite à la Monnaie

« Islam, hors de France. » « La rue, la France, nous appartiennent. » « Islam hors d'Europe. »

L'islam n'a rien à voir avec la mort de Thomas Perotto, mais peu leur importe. Ils sont environ 80, venus de différentes régions, qui arrivent en ville le vendredi, six jours après sa mort. Dès l'après-midi, on les repère dans le centre de Romans, où toute nouvelle tête est facilement identifiable… Des bandes de garçons aux coupes courtes et à l'allure martiale. La plupart ne se connaissent pas, ils ont répondu à un appel à l'action posté sur des sites de l'ultra-droite par un militant surnommé Gros Lardon, dans ce climat de surexcitation médiatique. Avant la fin de la journée du mardi 21 novembre, les hashtags #Thomas et #Crépol ont déjà été utilisés respectivement 278 000 et 170 000 fois sur X, tous deux sont des *trending topics* – cela signifie qu'ils sont repris partout. À droite et à l'extrême droite, la conclusion est faite : voilà ce qui arrive quand l'État n'assure plus la sécurité de ses citoyens, les Français doivent prendre les armes pour se défendre eux-mêmes. « Le décès du jeune Thomas Perotto est un événement particulièrement investi par les militants d'ultra-droite qui le tiennent pour un "francocide" commis dans un contexte de "grand remplacement". Afin d'éviter la réitération d'un tel drame, l'emploi de la force est considéré comme le seul moyen de défendre la "fierté et l'identité nationale" », décrypte la Direction nationale du renseignement territorial le 27 novembre, dans une note qui remonte immédiatement en plus haut lieu, à Beauvau et au Premier ministre.

Les jeunes militants de l'ultra-droite tendance violente ont donc lancé en ligne les préparatifs, quasi militaires dans leur intention, d'une manifestation violente. Gros Lardon n'en est pas à son premier coup d'essai. En décembre dernier, moins d'un an auparavant, il a été arrêté en marge d'un projet d'action violente contre les supporters du Maroc après la demi-finale de la Coupe du monde. Une quarantaine de jeunes membres des Zouaves de Paris, un groupuscule néonazi fondé en 2018 par d'anciens du GUD, s'étaient rassemblés dans un bar du 17e arrondissement de Paris pour regarder ensemble le match entre la France et le Maroc. D'après leurs échanges sur Telegram, ils avaient le projet de commettre des violences sur les supporters marocains sur les Champs-Élysées mais les forces de l'ordre ayant décidé de les interpeller avant la commission des faits, ils sont arrêtés à la sortie de l'établissement. Sur les 38 jeunes hommes interpellés, une quinzaine sont fichés S. Dans un sac à dos sont trouvés des cagoules, des gazeuses, des sprays lacrymo, des ceintures en métal, des poings américains, des bâtons télescopiques et des fumigènes. Mais, en raison d'une procédure mal ficelée, seuls sept d'entre eux sont renvoyés à un procès pour « port d'armes prohibées » et « participation à un groupement formé en vue de la préparation de violences contre les personnes » (une infraction créée pendant le mouvement des Gilets jaunes). Le procès n'aura finalement pas lieu eu égard à des vices de procédure.

Parmi eux, Gros Lardon, 24 ans, originaire de Rouen, a quitté l'armée en raison de « désaccords politiques ». Chez lui, les policiers découvrent des ouvrages révisionnistes ou suprémacistes blancs, des couteaux, ainsi que des drapeaux et des brassards avec la croix gammée ou la rune double de Sieg de la SS. D'Hitler, il dira en audition : « J'aime beaucoup le personnage, ce qu'il a pu représenter. » Dans son portable, il conserve des photos de lui ou d'amis posant une arme à la main et un brassard nazi au biceps, ou de groupes de jeunes gens body-buildés aux visages masqués faisant le signe à trois doigts dit de Kühnen, inventé pour contourner l'interdiction du salut nazi.

Ce week-end du 25-26 novembre, une semaine après la mort de Thomas, des rassemblements ont lieu un peu partout. Vingt-cinq personnes marchent à Béziers derrière une banderole « Ni oubli, ni pardon, Thomas Crépol », à Angers où l'on lit « Halte à la barbarie », à Toulouse avec l'Action française et des catholiques traditionalistes, à Annecy le dimanche, où 120 personnes défilent sous le slogan « La France aux Français », à Laval sous des panneaux « Bleu, blanc, rouge », « Thomas, Lola, plus jamais ça », à Albi, « Français, réveille-toi, tu es ici chez toi » et « Aujourd'hui Thomas, demain toi », à Rennes, « La France nous appartient »... Un appel, intitulé « France 2027 », est lancé sur TikTok pour encourager tous les Français à se rassembler devant les mairies le 2 décembre afin de rendre « justice à Thomas et à toutes les autres victimes de ces barbares ». Les services de renseignement sont inquiets. L'extrême droite a mis en place un « narratif » renforcé par l'actualité des derniers mois : le meurtre de Lola Daviet le 14 octobre 2022, une jeune fille de 12 ans, violée, torturée et tuée par une suspecte sous OQTF ; le procès des responsables de la mort d'Axelle Dorier, une jeune femme percutée par une voiture et traînée sur plus de 800 mètres, le soir de sa fête d'anniversaire, par un conducteur de 22 ans d'origine maghrébine, condamné à douze ans de prison ; l'attaque au couteau d'Annecy, le 8 juin (six personnes dont quatre enfants sont poignardées par un réfugié syrien de 31 ans) ; le meurtre d'Enzo Parissot le 22 juillet (un adolescent de 15 ans pris à partie et poignardé par un autre adolescent venu d'une cité, dans un petit village de l'Eure). « La non-diffusion de l'identité des mis en cause a eu pour conséquence d'attiser [l'idée] chez les militants d'ultra-droite qu'il puisse s'agir de personnes issues de l'immigration », analysent les services de renseignement. « Les éléments publics de la vie de Thomas ont permis aux militants d'ultra-droite d'en établir un portrait conforme à leur représentation de l'archétype de la jeune virilité et de l'identité nationale (issu de la ruralité, rugbyman, discret...). » Les mobilisations sont justifiées par le fait que l'État manquerait à son devoir de protection, voire qu'il se rendrait « complice des crimes commis du fait d'une politique migratoire jugée laxiste ». Mais l'enquête n'a démarré que depuis cinq jours et il reste de nombreuses personnes à interpeller. Les autorités appellent à la prudence et à ne pas entraver leurs efforts pour la vérité. Le 25 novembre, le procureur de la République de Valence publie un nouveau communiqué dans lequel il met en garde contre les dénonciations sans preuve, les spéculations ou les interprétations hâtives. Lui-même corrige discrètement une erreur qu'il avait commise en évoquant, le 21 au soir, un homme « formellement identifié » comme l'auteur du coup de couteau mortel. Avec un peu de recul, tout n'est plus si clair et les témoignages ne se corroborent pas toujours.

Ce samedi 25 novembre, avant 18 heures, ils sont donc un peu moins d'une centaine à marcher ensemble vers le quartier, trois jours après la marche blanche pacifique en mémoire de Thomas. Certains ont remonté des écharpes sur leur visage ou portent des gants coqués. Ils sont équipés de mortiers d'artifice, de parapluies et des battes de baseball. Ils avancent sur la chaussée, s'excitant les uns les autres. Chargés à bloc d'adrénaline et de testostérone, ils scandent en rythme leurs slogans et défilent derrière des banderoles. « Thomas ni oubli ni pardon ». « Français réveille-toi, tu es ici chez toi ». Les passants, peu nombreux en cette fin de journée morose et froide, s'écartent à leur approche. Quelques-uns sont très jeunes et participent pour la première fois à une manifestation violente. Il y a des lycéens qui n'ont comme expérience de l'affrontement et de la militance que des bagarres à la cantine ou l'inscription de tags racistes sur les murs des rues tranquilles de leurs cités provinciales. Mais on trouve aussi des membres plus expérimentés des groupuscules de l'ultra-droite, comme ceux de la Division Martel, ou des proches de l'ancien Alvarium, un groupe néofasciste d'Angers. Ils sont ouvriers, chômeurs, employés ou étudiants, certains sont brillants – l'un d'entre eux est polytechnicien.

Et puis il y a Samy, 21 ans. Il vient de Mayenne, de la petite ville d'Ernée précisément. Intérimaire, il gagne aux alentours de 1400 euros mensuels. Il n'a jamais été repéré par les renseignements territoriaux, mais il est connu des militants antifas pour avoir participé, aux côtés de jeunes qui fréquentaient l'Alvarium, à une petite manifestation pour sauver l'église du village de La Baconnière promise à la démolition après avoir été très endommagée par la tempête de 2019. La défense du patrimoine est un domaine cher aux militants d'ultra-droite. Sur les réseaux identitaires, Samy s'est choisi « Tronc d'arbre » comme pseudonyme. Il est animé par un idéal un peu chouan, peut-être plus romantique que violent. Il croit que la France est menacée, une France de la province, du terroir, du clocher. Son frère aîné est CRS. En ligne, où les algorithmes ne lui renvoient que des reflets de ses obsessions, il se désole de la mort d'untel, du viol d'une autre, reprenant la rhétorique que Marion Maréchal agite en guise de pensée politique lorsqu'elle égraine des prénoms de soi-disant victimes de l'immigration sur les plateaux télévisés. Il s'est identifié à Thomas, capitaine de l'équipe de rugby, garçon de la campagne, comme lui. Pour Samy, le racisme anti-français est une réalité, le francocide une obsession, la guerre ethnique inévitable. Il a manifesté aux côtés d'un groupuscule nommé Meduana Noctua, créé quelques mois auparavant, dont voici un extrait de la profession de foi : « Ainsi, nos actions sont organisées autour de trois axes : la formation intellectuelle, la discipline physique et la communautarisation.

(...) Nous prônons l'homme enraciné, conscient de ses devoirs envers sa famille, sa race et Dieu. » Gavé d'images, de faits divers et d'une logorrhée où se mêlent les mots bougnoules, rats, ratons, envahisseurs, il fait la connaissance de quelques jeunes gens sur Proton ou Telegram. Ils se montent la tête, heureux d'échanger entre gens qui partagent les mêmes points de vue et finissent par se donner rendez-vous à Paris, près de Bercy, où l'un d'entre eux a loué un Renault Trafic gris. Ils sont huit à faire la route ensemble. Six heures pour faire connaissance, six heures à s'exciter. Parmi eux, il y a un lycéen qui se vante d'harceler à l'école ses condisciples noirs. Ils échangent des anecdotes de manifestations. Commentent les consignes de Gros Lardon. Partagent avec émotion leur ambition pour la France.

Vers 18 heures, les manifestants approchent de la Monnaie. Ils parviennent à ce que les habitants appellent le pont Hermès, en réalité un simple passage enjambé par l'immeuble du même nom. C'est l'une des entrées de la cité. De l'autre côté du pont, une large pelouse mitée cernée par les immeubles. Ensuite, le café du père de Yanis et sa petite terrasse devant un parking. Et le boulevard Henri Dunant, tout droit, qui la parcourt en son centre. Des lycéennes, de leurs appartements minuscules et mal insonorisés, entendent les cris des militants, ouvrent leurs fenêtres et voient approcher les hommes en noir. Des mamans de retour du travail ou sorties faire les courses pour le repas du soir rentrent rapidement chez elles tandis que les garçons, eux, adolescents et jeunes adultes, au contraire, descendent dans la rue, prêts à la bagarre.

Mais les préparatifs de la démonstration de force ont été repérés par les services de renseignement et les manifestants se trouvent face à des équipages de la CRS 8, une unité d'élite spécialisée dans les violences urbaines et les troubles à l'ordre public, créée en 2021. La maigre police nationale de Romans voit ce déploiement, auquel il lui a été demandé de contribuer en assistance, d'un œil résigné. Ils se sentent désormais tout juste bons à traiter les interpellations réalisées par les super flics et à prendre la pluie à l'arrière. Eux qui sont systématiquement caillassés quand ils entrent dans le quartier regardent cette démonstration de force pour protéger ses habitants comme si le monde ne tournait plus tout à fait rond. « Ça fait des années qu'on se fait allumer la gueule et on est tout seuls. Mais quand les ultras sont arrivés, il est monté tout de suite des renforts de partout pour protéger la cité et même si on est bien obligés de défendre tout le monde, ça fait quand même mal au cul de voir ça », nous confie un ancien flic sous couvert d'anonymat. À Romans, il n'y a plus que 90 policiers, les postes administratifs inclus. Cela laisse 45 personnels sur la voie publique, c'est-à-dire un policier pour 733 habitants. C'est bas, en

France, où la moyenne est de 3,3 pour 1 000. Pas assez pour assurer la mission.

Les militants d'ultra-droite ne se laissent pas facilement arrêter. Ils ne sont pas venus de si loin pour renoncer devant des CRS. Ils caillassent les forces de l'ordre, tirent des mortiers – il y aura deux blessés légers parmi les policiers –, jettent des pierres et des poubelles, injurient les CRS, les accusant de coopération avec ces « ennemis de l'intérieur » qu'ils perçoivent parmi ces Romanais retranchés dans leurs appartements… Les femmes, les filles, les parents, contemplent et filment par les fenêtres ce déferlement de haine et de violence. Les garçons, eux, filent des appartements et, comme ils connaissent bien les lieux, contournent le cordon qui défend l'entrée sud de la cité, et sortent en direction du nord.

Samy, dès le début de l'affrontement, a fait demi-tour. À cause de son frère aîné CRS, il désapprouve cette violence. Lui est venu pour une ratonnade, pas pour s'en prendre à la police. Sans doute a-t-il eu aussi un peu peur. Il retourne au van attendre les autres. Il passe l'avenue du Maquis. À pied, il faut longer un peu la voie ferrée avant de pouvoir la traverser. Il emprunte la rue Paul Verlaine qui remonte vers le centre-ville, entre pavillons et petits immeubles bas. Il fait nuit depuis une heure déjà. Il a plu dans la matinée, les trottoirs sont noirs et humides. Les nuages masquent les étoiles et la lune, il ne fait pas plus de 4 ou 5 degrés. Samy marche vite, les mains dans les poches de son blouson. Avenue Pablo Picasso, il aperçoit le Renault Trafic et monte. Les autres y ont laissé leurs téléphones et leurs pièces d'identité, en cas d'interpellation. Il s'installe au chaud.

Une main toque au carreau. C'est un homme d'une cinquantaine d'années, d'origine maghrébine, qui se présente comme policier et lui demande d'ouvrir. Samy obtempère et descend. L'homme l'interroge : qu'est-il venu faire ici, agresser des Arabes ? Il le traite de raciste. Samy s'en défend. Il devine qu'il n'a pas affaire à un policier quand d'autres hommes, plus jeunes, se rapprochent silencieusement. Samy prend peur. Personne en vue, pas de passants à appeler à la rescousse. Il veut se réfugier à l'intérieur du véhicule mais n'en a pas le temps. On lui fait une balayette. On le traite de sale Blanc. « On en a attrapé un ! » lance l'un d'entre eux dans son téléphone. Quatre ou cinq voitures arrivent. Ils poussent Samy dans le van, montent à sa suite et commencent à le tabasser. Pour lui, c'est le début d'un long calvaire.

Moment de confusion, où ses agresseurs hésitent, ne sachant que faire de lui, avant de le remettre à l'arrière, où ils le frappent jusqu'à ce qu'il perde connaissance. Ils prennent les clés dans sa poche, et démarrent le Renault Trafic qu'ils vont garer à l'intérieur de la Monnaie. Les CRS sont toujours là, d'un côté, ignorant ce qui se joue de l'autre. Les manifestants, eux, ont pris la fuite. Une vingtaine ont été interpellés. Les compagnons de voyage de Samy se cachent dans des buissons, le long de la voie ferrée, où ils vont rester plusieurs heures, terrifiés à l'idée d'être retrouvés par les forces de l'ordre autant que par les habitants de la cité. Les policiers de Romans ont disparu, débordés par les nombreuses gardes à vue. La police de Valence est appelée en renfort, mais ils sont eux-mêmes sous l'eau car, en plus des interpellations des fuyards de Toulouse, dont ils viennent de terminer la longue garde à vue, ils ont procédé à 27 arrestations dans le cadre d'une tentative de meurtre à la cité Fontbarlette. Cela n'a rien à voir, mais ça tombe mal. Quant à la CRS 8, il est l'heure de la fin de service, elle se retire. Samy est seul dans la cité.

Il reprend connaissance quand on le jette sur le trottoir. La nuit est totale, la Monnaie est mal éclairée. Les coups pleuvent. Un homme s'acharne sur lui à coups de club de golf. On le déshabille. On l'asperge d'essence. Ahuri, blessé, désorienté, il est assis par terre, complètement nu, les bras croisés dans une tentative dérisoire de se protéger encore. Les coups recommencent. Il pense qu'il va mourir. Il est blessé à la main d'un coup de couteau. Un de ses agresseurs tire violemment son pouce et son index, les écartant : ses tendons sont arrachés. Il perd à nouveau connaissance. Le Renault Trafic a disparu.

Un père de famille aperçoit la scène de la fenêtre de son appartement. Une vingtaine d'individus, dira-t-il plus tard à la police, certains cagoulés, excités, s'affairent autour d'un jeune homme nu couché en position fœtale. Le père de famille descend, accompagné de deux voisins, des parents comme lui, dont il refusera de divulguer l'identité. « Des barbus », nous les décrira un habitant de la cité, « des pratiquants », confirmera le directeur de la mosquée, « des fichés S », affirmera une source proche du dossier. Quels qu'ils soient, ces hommes s'interposent. Ils parlementent avec les jeunes et parviennent, dans un premier temps, à les convaincre de rendre son pantalon à Samy. Patiemment, ils calment ses agresseurs, surexcités par les événements de la journée, enivrés par le danger, la menace, par leur propre violence. Leur stature – adultes, parents, religieux – finit par s'imposer. Ils transportent le jeune homme brisé dans la cage d'escalier d'un immeuble pour le mettre à l'abri du froid et des regards. Ils posent une veste sur son torse, appellent les pompiers et la police et se mettent d'accord entre eux : un seul attendra leur arrivée. Les autres s'en retournent chez eux. On ne saura pas qui ils étaient.

« Souviens-toi que c'est aussi un Arabe qui te sauve », dit le père de famille quand les pompiers emmènent Samy, presque inconscient, sur un brancard. « Samy, Samy, reste les yeux ouverts », répètent les pompiers en portant sa civière dans l'escalier. Grièvement blessé, son pronostic vital est un temps engagé.

Le Renault Trafic est retrouvé calciné boulevard Henri Dunant, dans la cité. Les pièces d'identité ainsi que les téléphones qui y avaient été laissés à l'abri ont disparu. Les noms et les numéros de téléphone des ultras seront divulgués en ligne, comme en miroir des identités des habitants de la Monnaie livrées sur internet. Un policier des renseignements, spécialisé dans la surveillance des mouvements salafistes, les trouvera quelques jours plus tard sur le darkweb.

La police de Valence, saisie de l'affaire, reconstitue le calvaire de Samy. Dans le hall de l'immeuble, qui semble avoir été nettoyé, des traces de sang sont découvertes sur les murs. Dans les rues où il a été tabassé, des objets lui appartenant sont retrouvés : des lunettes de piscine qui devaient servir à protéger ses yeux des gaz lacrymogènes, ses chaussettes, son caleçon déchiré. Du sang, à divers endroits, tache le trottoir, indiquant les stations.

Les passagers du Renault Trafic ont regagné la capitale comme ils pouvaient, sans véhicule ni papiers d'identité. La majorité des interpellés n'était pas connue des services de renseignements, seuls deux d'entre eux sont fichés pour avoir participé au squat du chantier CADA (centre d'accueil pour demandeurs d'asile) à Saint-Brévin – ils ont tenté de s'opposer à son installation. Six militants seront condamnés en première instance à des peines allant de six à dix mois de prison, avec mandat de dépôt, et donc incarcérés. Libérés en janvier, ils verront leur peine allégée en appel. Sept autres interpellés seront, eux, jugés en février et condamnés à des peines de prison avec sursis. Avocat d'un des prévenus saisi en appel, maître Clément Diakonoff avait mis en avant devant la cour la pression médiatique exercée sur le tribunal correctionnel de Valence, qui empêche de juger sereinement. La décision de la cour a été plus favorable à son client qui a vu sa peine diminuée et a retrouvé la liberté.

Le dimanche, quelques ultras, remontés par l'accueil des CRS, pensent encore passer à l'action. Une quarantaine de jeunes de la Monnaie, eux, descendent dans le centre pour tenter de les retrouver. Ils ne se rencontreront pas. Les jours qui suivent, la ville va se vider petit à petit et un calme de façade va se réinstaller. La maire, Marie-Hélène Thoraval, ne condamnera jamais l'action de l'ultra-droite. Elle déclarera, au contraire : « Les forces de l'ordre ont défendu ceux qui les caillassent. » Et lancera un message sans appel à la cité : « Aimez ceux qui vous protègent. »

Le renversement de l'opinion

Le défilé des fachos du 25 novembre a une incidence directe sur la perception nationale du drame de Crépol. Après les intenses scènes de violence urbaine, le gouvernement ne peut plus jouer la tempérance, et les ministres comprennent que leur silence n'est plus de mise. Il faut qu'ils entrent dans le jeu. Le 27 novembre, Olivier Véran, porte-parole du gouvernement, se rend sur place. « À la violence, on ne répond pas par la violence, dit-il. Mais par la justice. C'est à la justice de rendre justice et pas aux Français eux-mêmes, et entre eux. » Il poursuit : « Ce qui a coûté la vie à Thomas n'est pas un fait divers, ni une simple rixe en marge d'un bal de village. C'est un drame qui nous fait courir le risque d'un basculement de notre société si nous ne sommes pas à la hauteur. » Deux jours plus tard, le mercredi 29 novembre, il est de retour à l'Assemblée nationale quand Marie Pochon, députée écologiste de la Drôme, accuse le gouvernement d'avoir failli :

« “Deux France irréconciliables”, un “risque de basculement”, une “guerre civile” évitée. La récupération, la colère, la violence, la vengeance qui font monter la haine alors qu'on en sait encore si peu [sur l'enquête]. Telle est la situation de notre pays depuis le dramatique décès de Thomas dans le petit village de Crépol. » L'élue a un mot pour les victimes et la famille de Thomas, dont elle imagine « l'immense douleur ». Mais elle poursuit : « Ce qui se répand, c'est la haine, des noms que l'on jette en pâture impunément, des représailles et la vengeance aveugle ; c'est du racisme, de l'islamophobie (…) Certes, les promesses n'engagent que ceux qui y croient, mais la promesse républicaine n'est pas minime : c'est la garantie de notre vivre-ensemble, le fondement de ce que nous sommes. À Crépol tout comme à la Monnaie, les habitants ont souvent l'impression qu'elle n'est pas faite pour eux. Elle devrait être votre seul cap. Vous avez failli. Quand allez-vous enfin prendre vos responsabilités ? »

Dans sa réponse, Olivier Véran assume ses propos sur le risque de basculement de la société mais assure que cette situation n'existe pas encore dans notre pays : « Deux France [qui] se feraient face et ne seraient plus capable de communiquer… où l'on verserait dans la généralisation ; je laisse cela aux extrêmes. » La communication étatique est désormais soigneusement pesée. « On a très mal mesuré l'ampleur de l'émotion suscitée par ce drame », admet une députée Renaissance au journal *L'Opinion*. Le gouvernement a d'abord cherché à euphémiser les faits avant, complètement débordé, de frapper fort.

Au grand soulagement de l'exécutif, le récit médiatique commence à s'inverser, avec un article du *Parisien* du 24 novembre qui évoque pour la première fois une possible provocation qui aurait déclenché la bagarre, « loin de la thèse d'une agression extérieure préméditée », puis avec la une du *Parisien-Aujourd'hui en France*, datée du 4 décembre 2023, qui révèle le contenu de la première note de synthèse des gendarmes. « Comme souvent, la vérité judiciaire échappe aux grilles de lecture idéologiques », écrit le journal. « Comme toujours, la vérité est à la fois plus subtile, et décevante », commente de son côté le procureur de Valence. Plusieurs des mis en cause ont participé à la fête et dansé, dragué des filles et discuté avec des adultes, ce qui est susceptible de remettre en cause la piste d'une expédition programmée pour tuer, hypothèse formulée dans les tout premiers jours du drame. En clair : les jeunes de la Monnaie seraient venus pour s'amuser et rien n'indique, à ce stade de l'enquête, qu'ils avaient l'intention de faire usage de leurs couteaux, qu'ils ont, par ailleurs, l'habitude d'avoir toujours sur eux.

L'article génère une quarantaine d'abonnements numériques et charrie 250 000 internautes qui se précipitent sur le site du *Parisien*. Quelques courriers parviennent aussi à la rédaction, via le formulaire de contact par mail, jugeant l'article « scandaleux ». Six lecteurs se désabonnent. Il est également repris par toute la presse. Sur CNews, Pascal Praud en fait son édito : « Le système, le fameux système, commence à réécrire Crépol, commente-t-il dans des propos qui flirtent avec le complotisme. Le système est composé de politiques, éditorialistes, intellectuels, artistes, personnalités. Le système, insidieusement, sournoisement, faussement peut-être, met en place les nouveaux éléments pour expliquer que la mort de Thomas n'est pas celle qu'on a racontée. » *Le Parisien* ne fait pourtant que citer le procès-verbal des gendarmes, pas vraiment connus pour être des gauchistes. Le présentateur poursuit : « Des racailles, munies de couteaux, ont débarqué à Crépol, ils ont provoqué la mort de Thomas, Emmanuel Macron a parlé d'assassinat. Ce récit sera battu en brèche par le système. On expliquera que les jeunes rugbymen qui faisaient la fête ne sont peut-être pas exclus de toute responsabilité dans ce drame. Qu'ils ont peut-être insulté ces trouble-fête, comme les appelait l'AFP dans les premières dépêches, lors d'une rixe, comme l'écrivaient nos confrères. La machine à broyer la réalité est en marche. Il faut être prudent, diront les commentateurs. On ne sait pas tout, diront les autres. On cherchera le moindre fait, la moindre parole, le plus petit détail qui puisse disculper le ou les tueurs de Thomas. Je connais le système, je connais ses relais, je connais ses partis pris, je connais ses biais idéologiques, je connais la puissance du rouleau compresseur du système. J'ai lu *Le Parisien*, écouté France Info (...) C'est parti, la réécriture est en marche. Vous n'avez pas vu ce que vous avez vu. Le système va vous expliquer. »

Quelques jours plus tôt, Patrick Cohen, sur le plateau de l'émission « C à vous » sur France 5, avait livré un autre édito, presque en tout point miroir : « Je ne sais pas si ça dit quelque chose de la France d'aujourd'hui et du niveau d'insécurité que nous connaissons. La droite et l'extrême droite veulent nous faire croire que nous sommes au bord de la guerre civile, qu'une France se dresse contre une autre, que la chasse aux Gaulois est lancée, alors que l'immense majorité des immigrés et des Français issus de l'immigration réprouve cette violence. » Pascal Praud comme Patrick Cohen – qui n'a pas évoqué dans son édito le fait que les jeunes de la Monnaie étaient venus au bal armés de couteaux – seront tancés par l'Arcom, l'autorité de régulation des médias, pour leur manque de nuance et de précautions oratoires.

Pour avoir un avis objectif et tirer des généralités au sujet des bals de village, peut-être aurait-il fallu s'adresser à nouveau à Patrick Crozat, le spécialiste de la question. Pour le chercheur, la dimension raciste des violences commises dans les bals n'est pas nouvelle. Au XIXe siècle, des bagarres à mort avaient lieu, pour exclure les immigrés bretons, italiens ou auvergnats. Jusqu'à la Seconde Guerre mondiale, les bals étaient des lieux de violence. Aujourd'hui, « la relative pacification des mœurs a fait régresser la violence dans tous les lieux sociaux, et la marginalisation des immigrés dans les bals pendant plusieurs décennies » a contribué à diminuer les incidents racistes. Depuis la fin des années 1970 jusqu'aux années 2000, voire 2010, les populations immigrées étaient absentes des bals. « Donc les incidents à caractère raciste étaient nécessairement absents également. »

Il aura suffi, pour que la violence refasse surface, qu'un petit groupe de mauvais garçons décide d'aller danser là où on ne voulait pas d'eux.

L'histoire de Jules

Dès les premiers témoignages, il est fait état de ce jeune homme mince aux longs cheveux bouclés qu'un villageois a tirés. Les policiers exhument de leurs dossiers les photos d'identification des jeunes délinquants de Romans qui pourraient correspondre. Parmi eux, il y a Ilyès. Et Jules. Leur ressemblance est frappante. Le même teint clair, les mêmes ondulations qui retombent sur les épaules. Plus claires pour Jules, mais cela n'apparaît pas sur les photos. Les mêmes yeux sombres. Le même sourire incertain. Les témoins sont formels. Presque tous croient avoir vu Jules au bal de Crépol.

Claude, son père, a les yeux bleus qui dégoulinent, ses initiales tatouées sur la peau, des caractères chinois ainsi qu'une fleur sur l'épaule. Il travaille à la Graine de Cocagne, une entreprise de fruits et légumes qui fait dans la réinsertion. Son ventre est gonflé, ses traits un peu flous. Avec sa première femme, il a eu quatre enfants en cinq ans : Jules, Victor, Agathe et Léon. Mais leur mère avait la maladie de la mélancolie, nous raconte-t-il, une dépression jamais dite et pas soignée. Un jour, en 2015, elle est partie, sans prévenir ni son mari ni les enfants dont l'aîné, Jules, n'avait que 9 ans. Elle n'a pas donné de nouvelles pendant six ans. Dépassé par les gosses, par son chagrin d'amour, par ses problèmes d'argent, malheureux comme les pierres, Claude s'est laissé prendre ses petits par la Sauvegarde de l'enfance et il a quitté Lyon, où il vivait jusque-là, pour venir s'échouer à Romans, dans un appartement au rez-de-chaussée d'un immeuble cerné d'herbes folles, non loin du centre – mais rien n'est loin, à Romans. En 2018, il sort la tête de l'eau. Il a dégoté un travail, un appartement, il a remis un peu d'ordre dans sa vie et il fait des démarches pour récupérer ses quatre enfants. Il y parvient d'autant plus facilement que les deux aînés font des fugues régulières pour retourner chez lui.

Mais il a du mal à les tenir. Jules arrête l'école en première, à 16 ans. Victor, lui, ne dépasse pas le collège. Ils commencent les bêtises, ainsi que le dit leur père, fataliste. D'abord, en classe, avec les professeurs. À 13 ou 14 ans, ils mettent le feu à un chariot chez Lidl, avec toute une petite bande. Ensuite, ce seront des vols, des bagarres. Les odeurs de shit qui montent depuis leur chambre. La police qui les arrête, les assistantes sociales qui débarquent. Ils sont enfermés, Victor dans un centre éducatif renforcé, Jules dans un autre. Les deux plus petits sont placés à nouveau, à cause des problèmes des aînés et du risque de mauvaise influence. Le père se désole, court les prétoires, impuissant mais fidèle. À chaque fugue, les garçons le trouvent dans sa petite cuisine encombrée qui sent le tabac, le café et le renfermé. Dans le salon aux rideaux toujours tirés, l'étendoir à linge occupe la moitié de l'espace. C'est là que dort Claude, pour laisser à ses enfants les deux chambres. Ils n'ont qu'à sauter par la fenêtre et ils sont dehors. Ou leurs copains, d'un bond, se hissent dans cet appartement où on ne leur demande jamais de comptes.

Jules connaît les gars de la Monnaie, qui le surnomment Julito, mais il a plutôt l'habitude de traîner du côté de la gare, c'est un gamin du centre. En novembre 2023, il est sous contrôle judiciaire, interdit de sortir la nuit entre 22 heures et 6 heures. Bien sûr, il ne respecte pas ces conditions, car c'est la nuit que vivent les garçons comme lui. Le jour, il dort ou il joue à la PlayStation. Le soir, léger comme un chat de gouttière, il file dans les rues avec son meilleur ami.

Dans l'après-midi du 21, le mardi, alors qu'il traîne dans Romans, désœuvré, les gendarmes du GOS, Groupe d'observation et de surveillance, le repèrent et l'interpellent, le jetant par terre comme un fétu de paille, déchirant son survêtement et lui éclatant la lèvre. Dès qu'il l'apprend, Victor, qui a la route dans le sang, s'enfuit du centre où il a été placé un mois auparavant, et disparaît.

L'audition de Jules se passe mal. Il est têtu et ne comprend pas ce qu'il fait là. « Moi je n'ai rien à voir avec ça. Vous vous trompez. Soit vous me confondez avec quelqu'un ou je ne sais pas comment vous avez trouvé mon prénom dans cette histoire. Je n'ai pas mis un pied là-bas. J'étais chez moi samedi soir. » Il ne connaît pas l'adresse exacte de sa mère et demande à appeler son papa. Il admet être connu des services de police, pour stup et vol. Il est d'ailleurs convoqué devant un juge en janvier. Il a déjà fait des gardes à vue. Comme il est mineur, un adulte de confiance doit assister à ses auditions. Il demande que ce soit son « papa, si cela ne le dérange pas ». Mais Claude doit aller au commissariat signer le PV de la perquisition qui a eu lieu chez eux. Jules sera seul pour la suite.

De la journée et la nuit de samedi, il ne consentira jamais à donner son emploi du temps, ni le nom des gens qui l'accompagnaient. Le bornage de son téléphone indique toutefois qu'il ne s'est pas rendu à Crépol. Quand les policiers lui disent que plusieurs témoins les ont vus, son frère et lui, au bal, il s'insurge : « Ce n'est pas possible. Ramenez-moi des gens à jeun, intelligents qui étaient présents à Crépol, des potes à Thomas, ils vous diront la vérité, je n'étais pas là. Et mon petit frère non plus. Que ma mère et mon père meurent tout de suite si j'étais là-bas. » Il est conduit dans les locaux de la gendarmerie où un témoin l'identifie derrière une vitre sans tain. « Ce témoin se trompe, je suis sûr et certain. Mon avis est qu'il a dû trop boire lors de cette soirée. »

Devant le juge, Jules est assisté par un avocat commis d'office et, n'ayant pas d'adulte pour l'accompagner, c'est une professionnelle de la protection de l'enfance qui est présente à l'entretien. Son avocate lui fait préciser l'origine de ses blessures sur l'avant-bras droit et la main droite, qui pourraient être imputées à la bagarre. « C'est en garde à vue, j'ai trop tapé sur la vitre. C'était pas là, c'était lors de ma dernière garde à vue à la police nationale, le 19 ou 21 octobre je crois. » Jules n'a pas le meilleur profil à présenter à la justice. Dehors, Claude patiente parmi les mamans de la Monnaie, qu'il ne connaît pas encore, tous soudés dans l'attente. Nous sommes le 25 novembre, le jour même de la manifestation de l'ultra-droite. La nuit est totale.

Après présentation devant le magistrat, Jules est placé dans les geôles à côté d'Ilyès, à qui il ressemble tant. Les deux n'arrêtent pas de discuter. Jules explique que c'est un gars de la Monnaie qui l'a le premier identifié à tort sur les planches photographiques. Les gendarmes leur demandent de se taire, mais les deux jeunes continuent sans faire attention. Jules est alors sorti de sa cellule par un gendarme costaud qui, sous les yeux de son avocate qui vient d'arriver, lui met un coup de coude en plein visage. Sa tête tape violemment contre le mur à l'arrière. L'avocate, ulcérée, fait une déclaration d'incident. Ilyès, de sa cellule, hurle comme un possédé : « Lâches, vous n'avez pas honte de frapper un gamin ! » Les gendarmes affectés au déferrement contesteront les faits, déclarant avoir simplement « plaqué » l'adolescent au mur à la suite de nombreux rappels à l'ordre.

Jules est incarcéré malgré ses dénégations énergiques. Il est d'abord envoyé à Meyzieu, un établissement pénitentiaire pour mineurs. Après son anniversaire, qu'il passe seul, il est transféré à la maison d'arrêt de Lyon Corbas qui dispose de 588 places pour 1038 détenus. Son père va l'y visiter une fois par mois. À la suite d'un incident mineur, il est déplacé dans une unité où sa liberté de mouvement est encore restreinte.

Après des semaines de fugue, son petit frère, lui, finit par regagner son centre d'accueil à Avignon, où les gendarmes viennent le cueillir. Au terme de 48 heures de garde à vue, il est renvoyé à son lieu de placement – d'où il s'échappe à nouveau. L'adolescent de 16 ans, sous ses boucles serrées, a les traits fins, la bouche délicate. Dans la petite cuisine encombrée, il montre une photo d'Ilyès à son père. « C'est Jules », affirme Claude en plissant les yeux. L'adolescent sourit et zoome. Perdu, c'est Ilyès. Ce week-end, leur petit frère et leur petite sœur viennent passer deux jours. Jules a depuis été libéré mais reste placé sous contrôle judiciaire. Ensuite, on verra bien.

En détention

Les neuf jeunes interpellés – Kouider, le chauffeur de Toulouse, n'étant pas présent à Crépol le soir du drame, a été relâché – ont fait 96 heures de garde à vue à l'issue desquelles six ont été placés en détention, dont trois mineurs, et trois sous contrôle judiciaire. Il était 4 heures du matin quand le juge a prononcé sa décision. La mère de Kaïs s'est évanouie dans la salle d'audience. Mebarka, celle de Nassir, a retenu sa respiration pour maîtriser sa tristesse en découvrant le visage de son fils de 17 ans couvert de plaques rouges causées par le stress. Son mari, rentré précipitamment d'Algérie, a caché son visage entre ses mains. En vingt ans de mariage, c'est la première fois qu'elle le voyait pleurer.

Le temps est long, en détention. Assez vite, Chaïd, celui qui portait un survêtement de l'Olympique Lyonnais, se dégote un petit téléphone, qui sera rapidement placé sur écoute. Le soir, dans sa cellule, il discute avec ses « collègues », comme il dit. Ceux qui sont dehors ou d'autres, en prison et qui, comme lui, ont réussi à trouver un téléphone. Le 16 décembre, un camarade, Samy, l'appelle pour lui dire qu'il est convoqué à la gendarmerie le lendemain. « Tu vas y aller ? » interroge Chaïd. L'autre pense ne pas avoir le choix. Mais avant, il aimerait que Chaïd lui dise ce qu'il sait. « Tu penses que c'est qui qui va glisser à la rate ? » demande Samy, inquiet. La rate, c'est la prison. « Toi, dis-toi, ta tête, il me l'a pas montrée », répond Chaïd en parlant du policier qui l'a interrogé. Puis il tente de se souvenir : « J'ai vu la tête à qui moi ? J'ai vu la tête à grand frère, à Yaya, et à crapaud... Tu sais, on a fait une grosse erreur en se barrant à Toulouse en fait. La Mecque, c'est ce que je leur ai dit. Mais ma tête elle tournait de partout. Starfullah, la garde à vue criminelle, j'ai pété ma tête. » Un autre participant de la soirée, qui ne sera arrêté qu'en mars, confie au téléphone qu'il sait que les gendarmes vont finir par le prendre et qu'il n'en dort plus. Il passe ses journées dehors, il n'arrive plus à manger. Il a presque hâte d'en finir avec l'attente mais il a trop peur de la prison pour se rendre.

Lors de sa garde à vue, Chaïd a compris qu'il était l'un des candidats favoris pour le rôle de meurtrier de Thomas. Les policiers lui ont aussi donné à lire des extraits d'auditions de témoins dont on peut déduire qu'il a tiré avec un calibre 22 avant de quitter Crépol. Au téléphone, il se défend mordicus de ces deux affirmations. Il reconnaît s'être battu, avoir « distribué des patates », jeté des barrières sur les belligérants d'en face et même giflé de toutes ses forces une maman qui était venue chercher ses enfants. Mais il nie avoir eu sur lui un autre couteau que celui remis au vigile à l'entrée. Et encore moins une arme à feu. Il n'était même pas, rappelle-t-il, dans la voiture de celui qui a tiré. « Moi je leur ai dit la vérité sur moi. Je leur ai dit moi j'étais mort pelo (il avait beaucoup bu ce soir-là, et beaucoup fumé. C'est lui qui avait apporté une bouteille de vodka que les vigiles l'ont obligé à laisser dehors. Il allait et venait pour y boire, tout au long de la soirée). Ça m'a attaqué à trois. J'ai pris des barrières, je les ai jetées. J'ai pris des pierres, je les ai jetées. J'avais pas de couteau, je sais pas ce que vous me racontez. Arrêtez de me mettre le meurtre dans le cul. Je sais pas ce que vous me racontez, La Mecque ! »

À un autre ami, il raconte toute la bagarre : « Ils étaient pas bouillants, c'est juste qu'ils étaient plus que nous, ils étaient plus gros que nous et tout, c'était des rugbymans frérot, tu veux que je te dise quoi ? Des gros sa grand-mère, grande taille, le mec il a mangé un sanglier avant de venir ! » Ils se marrent. Son interlocuteur l'interroge : « Et ils étaient rhalés ? » (Cela veut dire, étaient-ils ivres?) Chaïd, catégorique : « Ils étaient rhalés frérot. »

Pour expliquer l'origine de l'embrouille, il se vante, prétendant que les filles de la soirée en avaient après eux, qu'elles voulaient leur parler. L'autre le fait préciser : « Ils avaient la mort parce que leurs gueuses elles parlaient qu'avec vous ? » Chaïd acquiesce. En garde à vue, photo à l'appui, il a pourtant dû reconnaître que les filles à qui il avait proposé de danser avaient décliné, et plutôt fermement, comme on l'a vu. Mais là, en prison, il lui faut quelques raisons de faire encore le fier.

Il poursuit son récit et raconte que, fou de rage, après avoir reçu des coups et balancé une barrière au hasard sur la foule, il a baissé son jogging et montré son sexe. Son interlocuteur tente de lui faire expliquer cet acte. Chaïd en est incapable. Ça lui est venu comme ça, dans la colère. « Et après, ça me tire le bras, ça me ramène au parking. Au parking, il y a une yorko (c'est du vieil argot lyonnais pour dire maman. Il s'agit de Karine, qui courait vers la salle des fêtes pour récupérer sa fille). Elle vient sur moi, elle crie et tout, j'lui fous une grosse gifle sa grand-mère. » Lourd silence puis question incrédule :

« T'as frappé leur yorko ?

— Ouais.

— C'est pas bien, ça. »

Chaïd ne semble pas entendre, il continue, enflammé : « Elle vient vers moi, La Mecque, j'ai cru qu'elle allait me frapper frérot, elle arrive derrière moi en criant, je sais pas ce qu'elle raconte, grande gifle, choquée, elle parlait plus, le Coran de La Mecque. » « Hum… » lâche son ami, visiblement désapprobateur.

Dans ces conversations, Chaïd parle aussi de l'ennui, de la nourriture, de ses conditions de détention, des fouilles de cellule, de son arrestation musclée par le GIGN. Une autre affaire pour vol l'a rattrapé, il pense être là pour au moins un an, peut-être même 18 mois, et tente de se faire une raison. « De toute façon je fais une demande pour être avec l'oncle à Fayçal, un ancien. Il va m'apprendre à prier, je vais me mettre dans la prière », espère-t-il, cherchant désespérément un projet. Fayçal est justement le jeune homme qui a tiré en l'air. Ils sont encore proches, mais les mois d'incarcération et les rumeurs vont mettre à mal leur relation.

Fin décembre, d'après ce qui filtre dans la presse, Chaïd sent que l'orientation de l'enquête a changé. Son avocat lui a laissé entendre qu'il n'est plus le suspect principal. Le 24, le soir de Noël, Chaïd appelle Nassir, qui est sous contrôle judiciaire et n'a pas le droit de reparaître dans la Drôme. Le jeune homme, toujours mineur, est hébergé dans le Nord chez des parents de Mebarka, sa mère, où il a d'abord eu du mal à s'acclimater. Il est 22 h 30. Dès le début de la discussion, Chaïd indique qu'il va bientôt récupérer un iPhone qui lui permettra de discuter à nouveau sur Snap (impossible à écouter par la police). Nassir dit avoir vu la tête de Chaïd sur TikTok dans un montage le désignant comme l'auteur du coup de couteau mortel. Ils évoquent ensemble les différentes hypothèses des policiers et se moquent de la confusion, qui a duré longtemps, entre Ilyès et Jules, qu'ils appellent Julito. Puis Chaïd et Nassir comparent les qualités des avocats, leurs tarifs, leur réputation. Ils se racontent leurs auditions. « L'OPJ me disait qu'on était allés à cette soirée pour tuer du Blanc. » Ça fait rire Nassir. Mais lorsque Chaïd apprend que le téléphone de Nassir a été saisi, il s'inquiète : il s'en est servi pour envoyer des messages sur Snap, il espère que les policiers ne les trouveront pas.

Noël passe. La mère de Kaïs découvre qu'elle n'a pas le droit de faire passer un cadeau à son fils. Le temps s'étire. Les conversations meublent les longues soirées solitaires. Avant le nouvel an, Chaïd fantasme. Si seulement l'auteur du coup mortel se dénonçait, ils pourraient tous sortir. « Ouais ben ça risque pas d'arriver », tempère son interlocuteur. Pourtant, tout le monde, au quartier, semble savoir de qui il s'agit. Ils n'ont rien dit, en audition. Mais ils suivent la progression de l'enquête, qu'ils devinent dans ce que disent leurs avocats, ou à travers les questions qu'on leur a posées. « Ouais frérot, là t'as compris, ils sont sur la bonne piste maintenant.

— Ouais mais c'est qui je pense ? Celui qu'a fait ça, c'est qui je pense ?

— Oui, normalement t'as dû entendre, tout le monde le sait à Romans. »

L'autre donne une initiale, précipitamment Chaïd le coupe : « Ouais ouais, c'est ça. »

Le même jour, plus tard, en appel groupé deux amis l'interrogent : « Mais tu as planté des gens toi ou pas ? » Chaïd s'emporte et répète son laïus : il s'est fait démonter ; il a lancé des barrières ; il a giflé une maman. Mais il n'a planté personne, il n'avait même plus son couteau, qu'il avait remis au videur. Il embraye à nouveau sur le coup de feu qu'on essaie de lui coller sur le dos : il n'était pas dans cette voiture, s'indigne-t-il. Il ne veut pas payer pour ce qu'il n'a pas fait. Ils évoquent les autres, ceux qui n'ont pas encore été arrêtés ou même identifiés, qui étaient pourtant à la fête et dont certains seraient maintenant au bled. Ils regardent la télé, en tirent des informations sur leur affaire. Ils notent le retournement de l'opinion en leur faveur.

« Oh elle passe à la télé la maire de Romans, cette…

— T'as vu ou pas ?

— Wallah j'suis en train, j'ai vu tout à l'heure, j'étais défoncé.

— Elle nous taille frérot, je te le dis, elle dit qu'on est des radicalisés, elle croit qu'on est des terroristes ! T'façon c'est une raciste, elle, depuis le début frère, c'est pas nouveau ça.

— Elle était gentille, en vrai, au début », fait l'autre, d'une voix lointaine.

Toutes les conversations ne sont pas aussi distrayantes. Alors que le temps passe, les rumeurs de délation s'insinuent, les réputations se détruisent. Une connaissance, très remontée, accuse Chaïd d'avoir balancé Fayçal comme étant l'auteur du tir. Chaïd se défend, il n'a balancé personne, il s'est seulement défendu car Fayçal, dans son audition, laissait entendre que c'était lui, Chaïd, qui avait fait feu. Des arguties sans fin s'ensuivent. On lui demande de changer son témoignage. « D'accord, d'accord, laisse-t-il tomber de guerre lasse. La prochaine fois qu'on me pose la question, je dirai que je me suis gouré. » Mais il est inquiet. Il vaut mieux, au quartier, ne pas avoir la réputation d'avoir *choukke*, c'est-à-dire balancé.

Le 20 décembre, c'est Fayçal qui l'appelle en personne. Il fait partie des grands, quand Chaïd est entre deux âges. Fayçal est en colère. On lui a montré un extrait d'audition de Chaïd. Il l'a photographié et posté sur Snap, afin que tout le monde sache que Chaïd est une balance. « Et ce que ça fait, c'est que ça me met dans la merde, moi, t'as compris ? » Chaïd essaie d'expliquer sa position, mais Fayçal n'est pas intéressé. « Quand tu vois le juge, change ta version. Parce que là, t'as confirmé ce qu'elle a dit la témoin. Et ça fait pas mon affaire. » Fayçal emploie la menace feutrée : « J'aurais voulu faire le mec, je t'aurais insulté, nananan. Mais j'm'en bats les couilles. T'as compris ? Juste, change ta version frérot. Ma mère elle m'a dit que le juge il me tient que par ce que t'as dit rapport au coup de feu. » Chaïd baisse les bras : ok, ok, il dira ce qu'on lui demande.

Il reste préoccupé par son sort. Dans une nouvelle conversation : « Il y a encore des témoins qui disent que c'est moi qui ai planté.

— C'est pas toi qui l'as tué frérot.

— Je sais que c'est pas moi !

— Si celui qui a tué dit que c'est lui, on sort tous. Déjà, moi, je sortirai direct. J'ai rien à voir. Il faut juste que l'autre qui a tué, il dise que c'est lui, c'est tout. »

Mais Chaïd est maintenant résigné : « Ouais mais ça, ça va pas arriver mon frère. »

Son interlocuteur tente de le rassurer : « C'est pas des bédots (argot typique de la Drôme pour dire « sots ») les condés, frère, ils vont savoir c'est qui. Ils savent même c'est pas toi. C'est pas toi frère. Ils vont le trouver. » Car ils ont beau mentir, ou se taire, au fil de leurs auditions, ils espèrent tous, sauf le coupable, que les enquêteurs trouveront tout seuls, sans qu'ils aient à subir de représailles pour avoir parlé. Ainsi Chaïd discute avec Kaïs, qui est toujours en prison lui aussi. Ce dernier a dit aux gendarmes qu'il avait peur que ses frères soient victimes de vengeance dans le quartier. « Vous avez peur de votre entourage du quartier ? » ont demandé les gendarmes. « Tellement », a répondu le jeune homme, qui fêtera sa majorité en prison. Mais les enquêteurs ne l'ont pas cru. Quand ils se sont rendus en perquisition à son domicile, ils étaient attendus par une bronca d'adolescents. Kaïs a joué au matamore, insultant au passage la police municipale venue en renfort, levant les bras comme le vainqueur sur un ring. « Vous faisiez le malin, insiste l'enquêteur. Vous n'aviez pas l'air intimidé du tout. » « Je faisais semblant », se défend Kaïs. L'officier note son extrême émotion et tente de pousser l'avantage. « Qui vous a donné le coup de couteau ? » veut-il savoir. Les policiers sont convaincus que c'est quelqu'un de la bande, soit par erreur, soit parce que Kaïs refusait de se battre. Mais le jeune homme secoue la tête. S'il le dit et que ça fuite, ses frères aînés devront le venger, ce sera la guerre. Sa famille se mettra en danger. Il reste obstinément muet. « Mais ça ne fuitera pas », promettent les gendarmes. Il ne les croit pas. Quelques semaines plus tard, des résumés d'auditions rédigés par un avocat pour son client fuitent sur un compte Snap anoyme. Kaïs se dit qu'il a bien fait de tenir sa langue. « Ça peut rendre parano ces histoires… » Des réputations s'effondrent.

En prison, on fait aussi des rencontres et on apprend. Des détenus plus expérimentés expliquent aux jeunes ce qu'ils auraient dû faire. Celui qui a tué Thomas et blessé au couteau quatre personnes aurait dû prendre la fuite, au Maroc par exemple, où il se serait installé pour ne jamais revenir. Les autres se seraient rendus et l'auraient dénoncé. Ils n'auraient été poursuivis que pour la bagarre. Alors que maintenant, ils moisissent derrière les barreaux, ou sous contrôle judiciaire dans des villes où ils ne connaissent personne. Voilà les conseils qu'ont donnés les « pélos » de la prison, les grosses têtes. « C'est mort de toute façon, c'est trop tard », puisqu'ils pensent que le coupable est en détention, comme eux. C'est peut-être mort, mais c'est ce qu'ils auraient dû faire. Si seulement ils y avaient pensé.

Une tante de Kaïs l'appelle : « Si tu dois prendre, admettons, même si j'espère pas pour toi, disons dix ans, il faut que tu poucaves.

— Mais t'es fou, jamais je prendrai dix ans !

— Imagine ! » Elle essaie de le convaincre de parler, en vain.

Et quand c'est une mère qui appelle, il n'y a qu'à écouter les réponses de son fils à ses prières en arabe pour deviner ce qu'elle le supplie de faire. « Mais non, jamais t'es fou, moi je suis pas une balance, t'es fou maman, je suis pas une balance. Wallah même au commissariat ; même quand ils disaient “c’est toi qui as tué”, par le Coran, je leur disais “non”, mais je disais pas c’était qui. Je suis pas une balance moi ! Eh oui maman, qu’est-ce que tu veux que je te dise ? » Sa mère insiste, véhémente, en arabe. « Mais c’est pas de notre faute, maman, c’était juste une soirée, c’est les autres qui ont cherché la merde maman, c’est eux qui sont venus tirer les cheveux au collègue. C’était des rugbymans, ils disaient “ouais j’ai envie de taper du bougnoule”. Maman, ils disaient ça entre eux, ils parlaient par messages et entre eux pendant qu’on était à la soirée. À un moment, y’a un rugbyman, il était mort pélo (il était saoul), il est venu sur Ilyès, il lui a tiré les cheveux, il lui a dit “toi t’es ma tchikita” et ça, ça veut dire, “toi tu es ma princesse”. Et mon copain, c’est pas une salope, il est allé, il l’a frappé. Et à la fin, on s’est tous battus, ils étaient 30 on était 15, maman, à la fin le collègue, je sais pas ce qu’il a fait… Moi la sécurité m’avait enlevé mon couteau. » Sa mère, bouleversée, repasse au français : « Hamdoulilah c’est pas toi qui l’as… ? » elle n’ose pas dire le mot. « Non maman. Je crois en Dieu et on tue pas nous. C’est pas moi. »

Enfin, entre camarades, ils philosophent : « C’est pour remettre tout le monde à sa place, ça partait trop en couilles, wallah. » L’autre renchérit : « T’as vu, on partait tous en couilles dans cette équipe, c’est vrai. » Et Chaïd de conclure, résigné : « Ouais wallah, t’façon c’est ça la vie. »

Crépol, après

Un vent humide souffle dans la vallée, le village de Crépol est désert. La presse, d'abord pléthorique dans les quinze jours qui ont suivi le bal – il y avait même des journalistes américains, ont constaté, incrédules, les habitants –, a disparu. Il ne reste que la cheffe d'antenne du *Dauphiné libéré*, Saléra Benarbia, qui tourne autour de la mairie. C'est elle qui a publié les premiers témoignages faisant état de racisme anti-blanc. Saléra connaît bien la région et ses particularités. Elle a grandi à Romans. Ses parents, issus de l'immigration maghrébine, ont fait le choix d'élever leurs filles dans le centre-ville. Dans sa classe, elle était une des seules filles issues de l'immigration. Tout le reste de sa famille, oncles, tantes et cousins, vivait à la Monnaie. Elle se souvient du quartier tel qu'il était alors, dur, bruyant, animé. Les enfants et les jeunes étaient en permanence dans la rue. Les femmes aussi, pour prendre l'air, pour discuter, parce que les appartements étaient trop petits. Une culture de la vie en extérieur importée d'autres pays. Elle se souvient, aussi, de la violence latente. Elle se sentait la plus timide, là-bas. La langue pas assez bien pendue. Ignorante de trop de choses de la vie. À la Monnaie, il lui semblait qu'on vivait plus vite, plus fort, plus haut. Les parents de Saléra ont appris à leurs filles que parce qu'elles étaient femmes, arabes, pauvres, elles auraient à se battre dix fois plus pour avoir un peu moins que les autres. Cette leçon, cruelle, lui paraît ne s'être jamais démentie. Aujourd'hui, elle dirige l'agence locale de son journal, de retour dans sa ville natale après avoir vécu dans plusieurs agglomérations de la région et travaillé pour d'autres antennes du *Dauphiné*. Et elle traîne, par cette journée de décembre, autour de la mairie, tentant de grappiller quelques informations.

Dans les bureaux vidés à cet effet, deux psychologues et une permanence d'avocats reçoivent ceux qui le souhaitent. Les thérapeutes écoutent et guident les habitants qui ont besoin d'un soutien. Sur le répondeur du cabinet des avocats, on tombe sur une étonnante musique d'attente, « Un jour au mauvais endroit », un morceau de Calogero où il chante d'une voix rauque : « Qui a mis ça, la guerre dans nos quartiers. L'abandon, l'ennui, la télé. Des couteaux de combat dans les mains des gamins. Pour un regard en croix c'est la fin. » Les avocats, une femme et l'ancien bâtonnier de la région, expliquent qu'il est possible de se porter partie civile et exposent les différentes options juridiques. Un couple sort. L'homme a le bras en écharpe et le regard noir, il ne s'arrête pas pour parler. Plus tard, une femme, émue, regagne rapidement sa voiture, un mouchoir sur les yeux.

Martine Lagut, la maire, est dans son bureau dont la porte reste ouverte. Depuis le drame, elle ne dort plus. Elle se sent responsable. Les questions tournent dans sa tête. Aurait-elle dû imposer plus de vigiles ? L'éclairage public, aurait-elle dû le laisser toute la nuit ? Une donation va lui permettre de faire installer des caméras, elle en est soulagée. Des caméras, dans ce village de quelques âmes... Elle ressasse, dans ses nuits sans sommeil, les mots de colère, le désespoir de la famille de Thomas. Elle se demande ce qui se passera, dans leur restaurant, quand ils rouvriront, si un Arabe entre pour déjeuner. Elle déplore que la haine se soit instillée dans tous les cœurs. Et elle en veut aux médias, ces parasites, qui parlent de rixe. Ce n'était pas une rixe, dit-elle de sa voix précise. Elle qui est entrée dans la salle juste après, elle qui a vu les murs maculés de sang – on sentait même l'odeur, minérale, de ce sang –, elle qui a vu les jeunes épouvantés, pleurant dans les bras les uns des autres, elle qui connaît chaque enfant, chaque parent, personnellement, se refuse à employer ce mot qui lui semble indiquer une responsabilité partagée.

Jonathan entre dans son bureau. C'est un beau jeune homme, solide, sérieux. Il est encore en arrêt, plusieurs semaines après avoir reçu deux coups de couteau dans le bas du dos. Il voudrait reprendre le travail, mais il lui est impossible de soulever des charges lourdes et il est employé sur des chantiers. Ça le rend fou de tourner comme ça en rond, avec ses pensées pour seule compagnie. Chtak chtak, la surprise avant la douleur, la question, qu'est-ce qui m'arrive ? Se redresser, passer la main dans son dos, sentir le sang, tiède, poisseux, déjà, la pensée foudroyante, on m'a planté... Il est venu aujourd'hui pour demander quand on aura accès à la salle des fêtes. Parce qu'il a laissé son blouson à l'intérieur, au vestiaire, et il aimerait bien le récupérer, si possible. La maire lui explique les démarches. Ce n'est pas qu'il y tienne tant que ça, à ce blouson, mais ses pensées le ramènent sans arrêt à des détails. Ce bal, où il n'avait même pas envie d'aller. Les pichets de bière. La musique. Sa veste, qu'il tend à la jeune fille, dans la pièce où, plus tard, on a tenté de sauver Thomas. Son ami à lui, l'autre Thomas, qui avait bien bu. Il est toujours hospitalisé, il a failli mourir, la lame est passée à deux millimètres de son cœur. Ces instants continuent de le hanter, par flashs, en boucle, très nets.

La maire l'écoute et lui propose de voir l'assistance psychologique. Il n'en a pas très envie. Il n'est pas sûr que ça servirait, de ressasser encore. Et les avocats, qui sont là, pourquoi ne les consulte-t-il pas ? Il hausse les épaules : il ignorait l'existence de cette permanence et a déjà choisi une avocate de Valence qu'on lui a recommandée. Il va rester avec elle. Ce qu'il voudrait, c'est son blouson. Ce n'est pas qu'il soit têtu, mais il ne sait pas trop pourquoi, si c'était possible, il aimerait bien le récupérer. La maire se renseignera pour lui.

Il repart sans répondre aux questions de Saléra qui attend devant le bureau des secrétaires. Silencieux et solitaire. À pas seulement un peu plus lents que d'habitude.

Le vigile, Youenn, qui a sans doute sauvé plusieurs vies, n'a toujours pas repris le travail lui non plus. Malgré des opérations de la main, il n'a pas retrouvé sa motricité.

La blessure de Rémi s'est refermée. Entré à l'hôpital le dimanche, il a absolument voulu en sortir le mercredi pour assister à la marche blanche. Il a choisi de se constituer partie civile, après avoir longtemps hésité. Sa mère est enseignante, elle a eu et aura encore en cours de nombreux jeunes de la Monnaie. La décision n'a pas été facile à prendre. Rémi dort mal, comme les autres victimes. Il est plus sensible qu'avant aux bruits, aux cris dans la rue. Il a commencé ce qu'il appelle une thérapie.

Pas avec un vrai psychologue, il ne s'en sent « pas digne ». Mais avec ses amis. Parler de ce qu'ils ont vécu avec ses proches, c'est comme « une thérapie qu'on fait tous ensemble ».

On pense aussi à Nadège, l'enseignante, la seule personne présente au bal à avoir vraiment conversé avec ceux qu'on appelle désormais « les tueurs ». S'est-elle enfoncée dans la culpabilité ? Lui a-t-on reproché, comme on nous l'a confié, d'avoir pactisé avec l'ennemi ? Dans les villages, à Crépol et ailleurs, les rancunes sont tenaces. Nadège pensait avoir affaire à des gamins comme elle en a en classe, mal élevés, avec leurs casquettes, mais pas méchants. Aux enquêteurs, elle a décrit des jeunes polis, avec qui elle avait rapidement et sommairement discuté politique, religion, en fumant des cigarettes. À mille lieues d'imaginer ce qui se passerait ensuite.

Dans le village, des clans se forment entre ceux qui se sont méfiés tout de suite et les autres, entre ceux qui étaient les plus proches de Thomas et les autres, entre ceux qui voudraient penser à autre chose, et les autres. Les jeunes restent entre eux. Ils se retrouvent chez Seb Pizza, qui tenait un restaurant à Margès et s'est installé à Crépol, dans la cantine de l'ancienne école. Seb, qui a des enfants de leur âge, a appris l'histoire à la boucherie, le dimanche matin. Il connaissait Thomas, qui venait parfois avec son équipe chercher des pizzas chez lui, le soir. Il les écoute parler, ressasser, jurer qu'ils se vengeront. Il les regarde se constituer en groupe, blessé, fermé, de plus en plus replié sur lui-même. Ils discutent des prochaines élections et donnent des consignes à leurs copains : « Votez bien. » Ils ne disent pas ce que ça veut dire. Mais tout le monde l'imagine.

La fracture

Philippe, l'éducateur de rue, s'engage dans la nuit et remonte le boulevard Henri Dunant. L'éclairage est rare, les silhouettes fantomatiques. « Salut Philippe. » « Oh mon Philou. » Des ombres approchent, l'entourent, les mains se tendent puis se posent sur le cœur. Il connaît chacun par son prénom. Il entre dans un « four », un point de vente de stupéfiants, une cage d'escalier glacée et couverte de tags où se sont réfugiés les vendeurs pour se protéger du vent. Cagoules ou cache-nez remontés sur le visage, ils s'éclairent à la lueur des torches de leurs téléphones portables. Le prix de la barrette de shit est écrit sur le mur. « Comment va ta mère ? » demande Philippe. « Hamdoulilah, elle se remet. » « Passe-lui mon bonjour. » « Et ton apprentissage ? » s'enquiert-il auprès d'un jeune qu'il n'a pas vu depuis longtemps. Le ventre creux, les mains maigres, le garçon sourit. Il n'a pas encore craqué, il s'accroche. Un autre, immense, tout en jambes, au beau visage cuivré, rigolard, se vante : il ne va plus en cours depuis la rentrée de septembre. Il a fait le premier jour, pas un de plus. Il n'a que 15 ans. Philippe ne commente pas, sachant qu'il ne sert à rien de prendre les adolescents frontalement. Celui-là, bondissant, énergique, est traité pour hyperactivité depuis les petites classes. Par instants, il part dans la rue, courant comme un môme, puis revient, son énergie le dépasse. Philippe est patient. Un jour, dans six mois, dans un an, peut-être davantage, ce garçon viendra le voir pour trouver comment reprendre ses études ou commencer une formation. Il attend, espérant juste que ce gosse attachant ne s'attirera pas trop d'ennuis d'ici là. Il est 21 heures. Un autre, le bonnet enfoncé sur la tête, sans blouson malgré le vent mordant, prend congé : il travaille désormais de nuit dans une boulangerie industrielle où il fait des croissants pour la grande distribution. Il a 19 ans. Il s'élance à pas rapides, les mains enfoncées dans les poches de son jogging vers ce qui lui tient lieu d'avenir professionnel. Après quelques instants encore, Philippe s'éloigne à son tour. Sa journée est finie. Les jeunes restent là.

Les mois passent, le printemps s'installe. Philippe emmène souvent quelques garçons chez un glacier où il a ses habitudes. Ils peuvent commander ce qu'ils veulent. Ce jour d'avril, ils sont quatre. Un fin jeune homme à la peau dorée qui rêvait de devenir prof de sport mais qui a renoncé juste avant de passer son bac pro. Il travaille désormais en intérim dans les usines du coin. Un gamin microscopique sous sa casquette, aux traits délicats, qui cultive une ombre de moustache, s'agite : celui-là a une famille solide, Philippe ne comprend pas ce qui dévisse dans sa tête, à part l'âge et quelque chose d'autre, peut-être. Le troisième, Nono, est le petit frère de Mathys, à qui il ressemble comme deux gouttes d'eau. Son survêtement poche aux genoux. Des blagues rituelles fusent pour savoir si c'est l'argent de la drogue qui leur offrira leurs coupes glacées ou son salaire d'animateur, supposé misérable au regard de ce qu'ils peuvent se faire comme guetteurs… Ils en rajoutent un peu car bien que la délinquance et le trafic de stupéfiants soient une réalité, à la Monnaie, on est loin des grandes cités organisées de Marseille, d'Ile-de-France, ou de Grenoble et Valence. Ici, il n'y a pas de guetteurs venus de l'extérieur. À peine de guetteurs, d'ailleurs, semble-t-il. La Monnaie, c'est le bout de la chaîne. La drogue est vendue pour une consommation locale, aux gosses de la cité et de Romans. C'est un petit trafic encore indépendant. On raconte qu'il y a eu, quelque temps auparavant, une tentative de prise en main par des grosses têtes du quartier Fontbarlette, à Valence. Des voyous armés de kalachnikovs sont venus de la grande ville. La cité a conservé son territoire pour l'instant. Certains jeunes disent que c'est depuis cet affrontement qu'ils ne sortent plus sans couteau. Philippe, quant à lui, explique : ils ne sont pas allés armés au bal. Ils sont armés et ils sont allés au bal.

Les glaces arrivent, ils ont commandé les coupes les plus compliquées et les plus chères. L'agité interroge Philippe : « Pourquoi tu m'emmènes pas au camping cette année. Je l'ai jamais fait, moi, le camping avec toi. » Quand Philippe lui dit « l'année prochaine », le garçon boude quelques instants. Les discussions reprennent, un groupe de retraités s'installe à une table voisine, Philippe se lève et va les saluer. À la table des jeunes, regards en coin, agitation. Puis le minuscule, sous la casquette, n'y tient plus et pousse un « ara ara » moqueur. Ara, c'est le cri des guetteurs dans certaines cités. Philippe prend congé de son ami, un ancien gendarme, et revient vers ses jeunes. Il balance une gifle bien sentie à l'adolescent dont la casquette s'envole. Pas besoin de sermon. C'était un manque de respect. Vexé, le petit ramasse son couvre-chef puis il lâche « désolé Philippe ». L'animateur hoche la tête. C'est réglé. Le petit recommence à manger, puis retrouve le sourire.

Nono donne des nouvelles de son frère, brièvement. Mathys va mal, il ne supporte pas la détention. Le jeune homme est fragile. Le jour de sa première audition, il a appris des enquêteurs le prénom de son père. Il n'avait jamais eu aucun contact avec lui… Il a écrit au juge, supplié qu'on le laisse sortir. Pendant sa garde à vue, en larmes, il a dit aux gendarmes : « Je n'ai vraiment pas envie d'aller en prison, j'ai vraiment peur de la prison. Je n'ai jamais fait de la prison. Je n'ai rien fait pour aller en prison. Je veux un contrôle judiciaire ou un bracelet loin de la Drôme, je ne veux plus rester ici. Je ne veux pas aller en prison, ce n'est pas pour moi la prison, j'ai peur de la prison. » Le gendarme, dans son PV, note l'émotion manifeste de Mathys. Il est d'abord laissé en liberté, placé sous contrôle judiciaire, mais il le rompt pour revenir voir sa mère. Il a grillé sa chance. « On n'est pas très intelligents, dans la famille », conclut tristement Nono, avant de se lever. Les coupes sont vides. Il part faire un tour avec le vélo du minuscule à casquette. Et ne revient pas. Énervé, l'autre se lance à sa poursuite. La nuit est tombée sous les platanes qui ombrent la petite place. La cité est à quelques minutes à pied, indécelable d'ici.

Les enquêteurs de la section de recherche de la gendarmerie de Grenoble n'ont pas ménagé leurs efforts. Analyses génétiques, croisement des auditions, interceptions téléphoniques, perquisition et exploitation des matériels informatiques et téléphoniques. Une chronologie la plus précise possible de l'arrivée des jeunes de la Monnaie à Crépol, du déroulé de la soirée et de la rixe a été établie. Les photos et vidéos remises par les témoins ont été épluchées, la tenue des agresseurs examinée et passée à la moulinette de logiciels pour en changer la colorimétrie en fonction de l'heure ou de l'absence d'éclairage extérieur. En vain. « Les auteurs des coups de couteau ne sont pas clairement identifiés à ce jour », concluent les enquêteurs dans un procès-verbal de synthèse.

En mars 2024, les gendarmes procèdent à une nouvelle vague d'interpellations. Samed est identifié par les vêtements portés à Crépol. Il avait les mêmes lorsqu'une caméra l'a saisi quelques heures plus tôt, alors qu'il retirait de l'argent à la banque. Jawed, un cousin de Kaïs que l'on voit sur la vidéosurveillance du magasin Utile, situé à côté de la salle des fêtes, est arrêté à son tour. Il reconnaît avoir participé à la bagarre et évoque des « couteaux », au pluriel, sans savoir toutefois, affirme-t-il, qui de ses amis en avait et combien en ont sorti. Devant les vidéos amateurs de la bagarre montrant un homme s'agiter avec un objet « brillant et pointu », il concède : « Je le connais. Je veux pas donner de prénom. »

Les mis en cause sont réentendus, confrontés à leurs précédentes déclarations. Tous ou presque admettent s'être battus, aucun ne reconnaît s'être servi d'une arme. Ilyès, sous l'impulsion de ses avocats, maîtres Fort, Brengarth et Bourdon, choisit une stratégie judiciaire plus offensive. C'est lui dont on aurait tiré les cheveux, déclenchant la première altercation. Il explique avoir subi des violences en réunion avec ITT. S'appuyant sur des propos rapportés par des témoins, les conseils d'Ilyès enfoncent le clou : « Rien ne permet d'exclure que ces violences ont été commises avec un motif raciste lié à son origine. » Le voici passé du statut d'agresseur à celui de victime. Il y a peu de chances que les magistrats aillent dans ce sens, mais le message lancé aux juges est clair : s'il devait être examiné une éventuelle circonstance aggravante de racisme, elle devrait être appréciée des deux côtés.

Tous s'en défendent, Ilyès précisant même que ces mots ne font pas partie de leur vocabulaire : « On dit "gwer" ou "kouffar" qui signifient "blanc" et "mécréant" en arabe. Et ces mots-là n'ont même pas été utilisés dans la soirée. » En réalité, ils apparaissent, mais dans une seule audition. Une mère du quartier nous dit aussi : « Les jeunes ne parlent pas de Blancs. Peut-être, de Français, ou Céfrans. Mais Blancs, je ne l'ai jamais entendu. » Devant les gendarmes, un autre mis en cause niera tout racisme. « Je ne suis pas quelqu'un de raciste. J'ai même des amis qui sont blancs », déclarera Chaïd en garde à vue, rappelant la célèbre formule de Nadine Morano qui avait dit : « Je ne suis pas raciste, j'ai des amis arabes, dont ma meilleure amie qui est tchadienne, et donc plus noire qu'une Arabe ! » La mère de Mathys est blanche. La belle-sœur de Kaïs aussi.

Pourtant, le racisme, la méfiance et la peur sont une réalité, dans tous les lycées de la ville. Des adolescents nous décrivent la cour de récréation comme coupée en deux : les enfants de la cité d'un côté, tous racisés, les enfants des villages ou du centre de Romans de l'autre. Des jeunes filles du quartier nous racontent qu'au collège, elles fréquentaient un peu des camarades venues des villages ou du centre-ville, d'un tout autre univers que le leur. Mais très vite, des deux côtés, le poids des habitudes, de la famille, des injonctions sociales, a repris le dessus. Les adolescents s'assemblent par communautés et les contacts entre eux cessent, bien qu'ils passent chaque jour des heures dans les mêmes salles de classe. Les filles l'expliquent ainsi : « On n'a juste pas la même façon de vivre. » Quand les gens de leur âge commencent à boire, à sortir plus librement le soir, à fréquenter des garçons, elles, dont la sociabilité reste essentiellement non mixte, s'en abstiennent. Alors elles se regroupent, entre filles qui se connaissent depuis l'enfance et dont les familles sont liées. La séparation est d'abord subie, puis choisie, des deux côtés, comme si un mur infranchissable se dressait en plein cœur de leur génération.

La politique et le quartier

Les députés ont commencé par présenter leurs excuses. Autour de la table, dans la petite salle sans charme de l'Assemblée nationale, réservée pour l'occasion, quelques voix de la gauche la plus active sur les sujets de société du moment : Marie Pochon, la députée verte de la Drôme qui a dénoncé, fin novembre, dans l'hémicycle, la propagation de la haine et une promesse républicaine qui « n'a plus de valeur », est à l'initiative de la rencontre. À ses côtés, des élus, François Ruffin, Sabrina Sebaihi ou encore Raquel Garrido, tous venus entendre le récit de jeunes de la Monnaie, intimidés. La veille, le Parlement a adopté le très décrié projet de loi immigration avec les voix du Rassemblement national.

Les gamins sont venus en minibus de Romans-sur-Isère, et l'annonce de leur arrivée a déclenché une vague d'hostilité : il s'agit là d'une provocation, estiment de nombreuses publications sur les réseaux sociaux, parfois reprises sur leur Facebook par les parents de jeunes ayant assisté au bal. « 150 millions d'euros avec vos impôts : c'est l'argent investi dans le quartier du tueur de Thomas depuis 2014 », lit-on dans un message très relayé de Reconquête !, le parti politique de Zemmour. À l'Assemblée, les gamins, accompagnés de deux anciens du quartier, viennent dire leur réalité. Ils ont beaucoup hésité et ne veulent pas donner leur nom – leurs parents ont été difficiles à convaincre, aucun ne veut exposer son enfant dans ces semaines difficiles.

Ceux qui sont là sont en réalité parmi les mieux insérés du quartier, ils s'expriment bien mais peu, la parole est un peu monopolisée par les adultes accompagnateurs dont l'un, Mehdi Dehdouh, figurait aux dernières élections sur la liste trans-partisane Passionnément Romans, portée par une sorte de think tank de personnalités issues de la société civile. Marie-Hélène Thoraval l'avait accusé de n'être même pas de Romans, quand cet homme, devenu père à 16 ans, est né et a grandi à la Monnaie et vit maintenant dans une rue voisine bordée de pavillons. « Cette maison est la vôtre », tentent de rassurer les députés. « Pas envie qu'on oppose deux France, celle des bourgs et celle des tours », s'exclame François Ruffin – il répétera tant et tant l'assertion en 2024 qu'elle deviendra un de ses slogans politiques. Les deux accompagnateurs qui encadrent le groupe estiment qu'on ne leur a pas laissé de place pour partager ce deuil collectif. « Thomas avait l'âge de nos fils… »

S'ils sont venus ici, c'est avant tout pour tempérer les propos que tient sur eux la maire de Romans-sur-Isère, Marie-Hélène Thoraval, qui s'est fait un nom national sur le drame au point que les rumeurs parisiennes, en janvier 2024, la voyaient au gouvernement au prochain remaniement ministériel. Propulsée à la une du *JDD*, menacée de mort, elle appelle à en finir avec la « culture de l'excuse » et demande à la justice de retenir le mobile raciste de l'agression. Elle veut « civiliser » une partie de la jeunesse, peste contre les « générations de délinquants », s'alarme de quartiers communautaires qui, si on n'y prend pas garde, pourraient se transformer en « quartiers ethniques ». Réduire ce qui s'est passé à Crépol à une opposition entre la ville et la campagne, selon elle, n'est rien d'autre qu'une grossière diversion pour nous empêcher de voir l'évidence…

Selon elle, l'erreur du gouvernement est d'avoir fait le dos rond en espérant que dans dix jours, l'émotion serait passée. Mais elle établit devant nous un parallèle ulcéré avec la mort du « délinquant, ce fameux Nahel », ce jeune de 17 ans tué par un policier à Nanterre, en juin 2023, et qui a eu droit à une minute de silence. Une minute de silence pour un délinquant, quel que soit son âge, elle y voit un affront pour les Français.

À l'Assemblée, c'est à son attention que les adolescents sont venus lire une lettre. Le papier tremble en même temps que leurs mains : « Nous aussi, nous sommes la France (...) On nous dit qu'on n'a pas pu écrire cette lettre, qu'on n'est pas lettrés. On nous vole même notre poésie, disent-ils. On dit que c'est ChatGPT (...) On ne se connaît pas. » Adultes et adolescents dressent la liste de tout ce qui a disparu dans leur quartier au fil des ans : le centre de soins, la mairie annexe, le cinéma en plein air, les services de médiation, la police municipale... « Dans le quartier, on a rien à faire, le City est délabré. Pour jouer au foot, on va dans les parkings », se plaint Ahmed. « Le séparatisme ? interroge Mehdi. C'est l'État qui se sépare de nous ! » « Le bad buzz complique la vie des gens », poursuit Salim, qui remarque qu'il est par exemple impossible ou presque de trouver des stages de troisième quand on vient de la Monnaie.

Avant qu'ils ne repartent – trop cher de se loger pour la nuit à Paris, ils feront l'aller-retour dans la journée, en minibus –, la députée Sabrina Sebaihi leur laisse ses coordonnées – elle voudrait, pourquoi pas, monter des réunions de réflexion, avec des jeunes de sa circonscription à Nanterre. Organiser la contestation, fédérer sur différents territoires, transformer leurs doléances en projet politique. Le cauchemar de l'extrême droite. François Ruffin renchérit : « Arrêtez d'être politiquement inoffensifs ! »

C'est ce que tentent de faire des femmes déterminées, des mois plus tard. Elles sont une vingtaine, les mères de la cité – il n'y a aucun père ou presque –, à défiler dans la moiteur de cette fin de journée printanière. Il y a la mère de Kaïs, celle de Nassir. Celle de Mathys, en revanche, n'est pas sortie de chez elle, trop déprimée. Elles s'époumonent dans leur mégaphone. « Allez voter », crient-elles en remontant le boulevard Henri Dunant. Une petite foule massée par groupes au bas des tours, sur le bitume ou le long des voitures, les suit d'un œil distrait mais bienveillant. Dans trois jours, les élections législatives anticipées auront lieu, et personne ne semble vraiment s'y intéresser. Par dépit, peut-être, mais aussi parce que beaucoup pensent que Rassemblement national ou pas, leur sort ne devrait pas beaucoup changer : ils ont leurs papiers d'identité français, vivent coupés du reste de la ville dans des logements à moitié délabrés et ils sont détestés par leur maire. Alors quoi ? Que pourrait-il bien se passer de plus avec un député d'extrême droite ? Il y a quelques semaines, un fonctionnaire du quartier a entendu les jeunes se plaindre que les services municipaux ne passaient pas la tondeuse, et qu'ils ne pouvaient donc pas jouer au football. « Pas de danger de casser leur tondeuse avec des cailloux ou des objets cachés par l'herbe, s'est marré un jeune. On a déjà tout balancé sur les flics. »

Des mères ont réussi à convaincre leurs filles de venir. Sagement, elles participent au rassemblement – mais savent qu'elles ne pourront guère l'influencer : lycéennes, elles n'ont pas encore l'âge de voter. La manifestation est organisée par un collectif qui s'est créé quelques semaines plus tôt – « Je vote donc je suis Romans-sur-Isère » – et qui essaie dans la mesure du possible de ramener les jeunes vers les urnes, pour y glisser un bulletin contre le Rassemblement national.

Quelques camions de CRS se tiennent à distance et gardent un œil sur le défilé, moins par peur qu'il dégénère que parce que la maire tient un meeting à proximité. Une dame alpague un jeune adulte. « Tu viens voter, dimanche, hein ? » Il répond « bien sûr », un grand sourire aux lèvres. Personne ne se fait d'illusion, il est très probable qu'il ne se déplacera pas et il n'est peut-être même pas inscrit sur les listes. La Monnaie constitue pourtant un important réservoir de voix. Rabbia, une des figures du collectif, marche doucement et montre sur son téléphone les résultats des bureaux de vote du coin aux dernières élections. Ceux-ci ne sont pas si évidents à interpréter, la carte électorale a intégré à la Monnaie des bureaux de vote à cheval entre la cité et les zones pavillonnaires. Or, les habitants votent de moins en moins à gauche, au fur et à mesure qu'ils s'éloignent de la cité.

Marie-José est bénévole à la maison citoyenne Noël Guichard depuis trois ans et donne des cours de français aux nouveaux arrivants. La situation l'attriste. La mort de Thomas s'est évidemment invitée dans la campagne. Les partis politiques de tous bords dénoncent l'instrumentalisation du fait divers, mais le thème est plus porteur pour l'extrême droite que pour la gauche. Le 1er juin, en pleine fête de l'épouvantail, la principale manifestation festive de Crépol, Zemmour a fait un détour par le village pour s'offrir un accueil de rock star. Dédicaces, selfies… « Les médias diront récupération. Les jeunes de Crépol m'ont dit merci », tweetera-t-il.

C'est une campagne éclair qui se joue et personne ne veut commettre de faux pas. Les collaborateurs d'Emmanuelle Anthoine, la candidate LR très bien implantée dans la région, refusent de donner la liste des déplacements de la candidate. Martine Lagut, la maire de Crépol, sa suppléante, ne souhaite recevoir personne et son secrétariat affirme ne pas savoir où elle se trouve. Le candidat du RN ne donne pas suite à nos appels. Les affiches n'ont été placardées qu'avec parcimonie dans la ville, aucun militant ne vient à notre rencontre sur les marchés de la commune. Comme s'il n'y avait personne à convaincre, que les avis et les opinions s'étaient déjà forgés au gré des événements des derniers mois. Quel rôle a pu jouer le drame de Crépol ?

Le dernier meeting du Nouveau Front populaire se tient dans une salle sans âme et sans climatisation, les chaises ont été alignées en plusieurs arcs de cercle, un espace dédié aux enfants en bas âge, avec quelques jouets, a été installé au fond de la salle. Attention inutile ou presque, il n'y a guère plus d'un petit ; c'est de têtes blanches que la salle est remplie. Dounia, 16 ans, doit faire un petit discours. C'est déjà cette lycéenne, sympathique et avenante, qui s'était déplacée à l'Assemblée nationale pour représenter cette génération de soi-disant délinquants visée par la maire de Romans. Isabelle Pagani, la candidate (PS) désignée par le Nouveau Front populaire, évoque le « tragique événement de Crépol qui nous a tous profondément touchés et son traitement médiatique qui ne respecte pas la souffrance des familles ». Elle enchaîne sur les idées de « droite extrême de Mme Thoraval qui abîment, brutalisent, discriminent ». « Les solidarités dans la ville sont brisées, dit-elle. Le quartier de la Monnaie est abandonné. » Le combat, dans la triangulaire qui s'annonce, promet d'être âpre pour la deuxième place face au candidat RN, avec Emmanuelle Anthoine qui, en privé, assure déjà qu'elle maintiendra sa candidature quoi qu'il arrive.

Trois jours plus tard, Thibaut Monnier (RN) obtient 38,37 % des voix, Isabelle Pagani 26,27 %, Emmanuelle Anthoine 23,98 %. Comme annoncé, la troisième refuse de se désister au profit de la seconde : « C'est bien simple, nos résultats sont dans un mouchoir de poche, explique-t-elle au *Dauphiné*. Isabelle Pagani n'a plus de réserve de voix. Je lui demande donc de se retirer car je suis la seule à pouvoir battre le Rassemblement national. » Toutes deux restent en piste. Le 7 juillet, le candidat RN est donc élu sans surprise avec 42 % des suffrages, contre 32 % pour Pagani et 26 % pour Anthoine. C'est la première fois, dans l'histoire de la circonscription, qu'un candidat d'extrême droite parvient au second tour, et la première fois qu'il décroche la députation. Le vote RN n'avait pas dépassé 20 % aux trois dernières législatives.

À Crépol, les habitants se sont massivement déplacés aux urnes avec un taux de participation au second tour de 8 points de plus que la moyenne nationale (74,77 %). Près d'un électeur sur deux (48,45 %) a voté Rassemblement national, soit plus de deux fois plus qu'aux précédentes législatives de 2022. Face au parti de Marine Le Pen, il n'y a pas eu le moindre début de front républicain.

La famille Perotto

Qui était Thomas ? Un ami fidèle, disent les garçons de son âge. Un meneur, selon son équipe de rugby. Un joyeux garçon, observe Seb, le pizzaïolo. Un jeune homme sportif et amical. Il avait construit avec des amis un terrain de cross à parcourir à vélo. Il faisait de la moto, du VTT, il aimait le ski. Il buvait un peu en soirée, mais ne fumait pas. Il ne se battait pas. C'était un frère attentif. Très famille, rapportent ceux qui le connaissaient. Angoissé pour ses parents, attentionné et secret. Un taiseux qui aimait s'amuser. Un camarade solide, fidèle. Quelqu'un de bien, disent-ils, tous. Il avait l'avenir devant lui.

En mars 2024, la famille de Thomas est entendue par les enquêteurs. Ses parents et ses deux frères. Las, épuisés, ils répondent aux questions banales qu'on leur pose. Pourquoi Thomas avait-il choisi le rugby ? Parce que j'y avais joué, dit le père. Parlait-il facilement ? Plutôt à sa maman, répond à nouveau le papa. Ses deux frères aînés ayant quitté la maison, ses parents n'avaient plus que lui et s'en occupaient beaucoup. Depuis qu'il n'est plus là, la maison est vide. Le fils aîné, pâtissier en Suisse, se souvient du dernier coup de téléphone que lui a passé son frère, le jour de sa mort, pour le féliciter d'avoir remporté un concours de pâtisserie.

Hugo, qui était au bal, ne réussit plus à vivre comme avant. Ça n'a pas commencé tout de suite. Les quelques semaines suivant la mort de Thomas, c'est comme s'il n'avait pas percuté. Et puis ça lui est tombé dessus, d'un seul coup, vers les fêtes du nouvel an. Un matin, il s'est réveillé et il a compris que son frère de 16 ans ne vivra plus, ne verra plus le soleil, n'aura plus de petite copine. Qu'il ne connaîtra plus les repas de famille, les rires avec les copains, les matchs de rugby du samedi matin. Qu'il n'aura ni chagrin d'amour, ni enfants. Qu'on ne saura jamais ce qu'il aurait fait comme métier. Hugo a compris que plus jamais ils n'iront, ensemble, parcourir les collines de la Drôme. Thomas est mort, absurdement, injustement.

Qu'y a-t-il à dire sur la personnalité de Thomas ? demande encore le gendarme. « Mes amis m'ont toujours dit que quand Thomas était sur le trottoir d'en face, il traversait pour dire bonjour. Ça fait plaisir d'entendre ça en tant que père. » « Mentionnons que Monsieur pleure », note pudiquement l'enquêteur.

Il y a trente ans, un célèbre patron du club de rugby de Thomas, Alain Toporel, fils du fondateur, sillonnait au volant de sa Peugeot 104 les rues de la cité avec un mégaphone pour recruter des jeunes costauds dans ses équipes. Il fallait qu'il vienne les chercher, qu'il convainque les mères, qu'il aide pour l'équipement. Il considérait le sport comme un percolateur social, un outil de formation et d'unité incomparable. Parmi les anciens de la Monnaie, ils sont plusieurs à y avoir joué.

La violence qui a éclaté au bal a permis à chacun de dresser des portraits de la France, et de les opposer. Au village comme au quartier, ce sont les mêmes mots exactement que nous avons entendus : « On aime vivre entre nous. Au moins, on se connaît tous. » Les tensions, les frottements, issus de l'altérité, sont perçus comme insupportables. La violence inhérente à toute société ne paraît plus pouvoir s'expliquer que comme cela, par la différence. On ne veut pas de l'autre, quel qu'il soit, comme voisin, comme ami, comme collègue.

La maison citoyenne Noël Guichard a eu des initiatives. Quelques mois après la mort de Thomas, une rencontre entre parents des villages et parents des quartiers a été organisée. Des mères de jeunes détenus en étaient. Pas toutes. Des habitants des villages. Pas les parents des victimes.

En septembre a eu lieu un premier volet du procès contre la haine en ligne. Plus rapide à juger qu'une complexe affaire criminelle dont l'instruction, inévitablement, s'étire… Cinq prévenus étaient sur les bans du tribunal correctionnel de Paris pour avoir partagé des identités de ceux qu'ils pensaient être les assassins de Thomas, qu'ils ne connaissaient pas. Parmi eux, un homme de 40 ans, un d'une soixantaine d'années, une dame de 54 ans, insomniaque, avec deux enfants à charge et un ancien conseiller municipal qui a tweeté sur ces « fellagas venus tuer du Blanc ». Différentes classes sociales, des gens normaux comme on dit, des monsieur et madame Tout-le-monde qui, le soir, la nuit, au petit déjeuner, écrivent en toute tranquillité des horreurs sur leurs ordinateurs, qui nourrissent la bête, qui empoisonnent la Toile. Plusieurs familles de la Monnaie se sont portées parties civiles dans l'affaire. La maman de Kaïs explique avoir dû déménager temporairement, le temps que les menaces et les courriers infâmes cessent. Son mari a reçu une caricature du prophète Mahomet par la poste. Dans le couloir, juste derrière la salle d'audience, elle s'avoue impressionnée : elle pensait avoir affaire à des prévenus jeunes, irréfléchis, immatures. Elle est tombée sur des adultes, certains ont même des enfants. Elle ne comprend pas. Une des avocates s'insurge : « Nous recevions des insultes. Nous recevions sur nos comptes personnels des messages, des avis google sur le simple fait qu'on était avocats dans ce dossier. »

« Lutter contre la haine en ligne, c'est tenter de vider la mer avec une petite cuiller », dit le procureur. On pourrait le dire de la lutte contre la haine tout court. Sur les dix prévenus à avoir été jugés lors des deux audiences, neuf ont été condamnés. Des peines clémentes – moins sévères que les réquisitions du parquet – ont été prononcées : des amendes allant de 500 à 1 500 euros pour les faits les moins graves, quatre mois de prison avec sursis pour les propos en ligne les plus virulents.

Que reste-t-il de ce drame ? Une famille à jamais endeuillée. Des communautés dressées l'une contre l'autre. Des aveux d'impuissance. Cinq mois après la mort de Thomas, le 10 avril 2024, un adolescent de la Monnaie, âgé de 15 ans, a été tué au couteau en s'interposant dans une bagarre. Il s'appelait Zakaria. Pour lui aussi, une marche blanche a été organisée. Elle a rassemblé 300 personnes et a fait le tour du quartier. Sept mois plus tard, presque un an jour pour jour après le bal de Crépol, un autre joueur du club de Thomas, âgé de 22 ans lui, a perdu la vie à son tour, d'une balle perdue, alors qu'il faisait la queue devant une boîte de nuit de la région. Il s'appelait Nicolas.

Le prisme politique et le récit médiatique ont déformé le sens de la mort de Thomas. La tentation de trouver des boucs émissaires et l'avidité avec laquelle ont été proposés les portraits-robots d'ennemis idéaux, la caisse de résonance offerte par les réseaux sociaux, ont contribué à diviser plus encore une société qui n'en avait pas besoin. Que reste-t-il ? Une fracture.

Et sur les bords, de chaque côté, des individus qui tentent de la combler. Ceux qui vont aux rencontres ; ceux qui dans les collèges, dans les lycées, bâtissent des ponts entre les adolescents ; les amis endeuillés qui ne cèdent pas à la haine ; les jeunes filles avisées qui font entendre leurs voix ; les hommes et les femmes infatigables et anonymes qui marchent au-devant des autres, la main tendue.

Cet ouvrage a été imprimé sur Roto-Page
par l'Imprimerie Floch à Mayenne en mars 2025
pour le compte des éditions Grasset
61, rue des Saints-Pères, 75006 Paris
info@grasset.fr

Mise en pages
PCA 44400 Rezé

PAPIER CERTIFIÉ

Grasset s'engage pour
l'environnement en réduisant
l'empreinte carbone de ses livres.
Celle de cet exemplaire est de :
300 g éq. CO_2
Rendez-vous sur
www.grasset-durable.fr

N° d'édition : 23522 – N° d'impression : 106237
Dépôt légal : mars 2025
Imprimé en France